Smoothies
healthy

Fern Green

Smoothies *healthy*

140 JUS ET SMOOTHIES BIENFAISANTS POUR DÉTOXIFIER VOTRE ORGANISME

MA VIE EN *green*

marabout

SOMMAIRE

Recettes de smoothies

INTRODUCTION

Prendre soin de son corps

Vous avez besoin d'un petit coup de fouet, votre peau vous semble terne ou vous rencontrez des problèmes digestifs... Voici tout ce que vous devez savoir sur les jus et les smoothies !

Aujourd'hui, nous sommes conscients qu'il est important de prendre soin de notre corps et nous savons à quel point une bonne alimentation influe sur notre niveau d'énergie.

Retrouvez au fil de ce livre de délicieuses recettes pour vous aider à détoxifier votre organisme, à booster votre système immunitaire, ou encore à vous apporter la dose d'antioxydants dont votre corps a besoin.

En intégrant ces jus et ces smoothies à votre régime alimentaire, véritables concentrés d'aliments nutritifs, vous donnerez à votre corps le grand coup de pouce qu'il attendait. Consommer règulièrement des jus ou des smoothies est un moyen simple et rapide de manger cru et ainsi de conserver toutes les vitamines et les enzymes des aliments.

Jus ou smoothie ?

La préparation de smoothies nécessite l'emploi d'un blender, tandis que vous aurez besoin d'un extracteur pour obtenir des jus (voir nos conseils sur le matériel page 8).

Préparés à base d'ingrédients crus, ces deux boissons sont tout aussi nutritives et bénéfiques pour la santé, mais présentent aussi quelques différences.

Les **jus à l'extracteur** regorgent de vitamines et de minéraux mais ne contiennent que très peu de fibres. En cas de problèmes de digestion, il est souvent recommandé d'écarter les aliments crus, les fruits et les légumes de son alimentation. L'extracteur est une bonne option pour continuer à en consommer tout en permettant une assimilation des vitamines et des minéraux, nutriments essentiels pour se maintenir en bonne santé.

Si les fibres ralentissent l'absorption des nutriments, elles sont cependant indispensables à un bon transit. Elles nettoient l'appareil digestif et aident le corps à éliminer ses toxines. Ainsi, si votre système digestif fonctionne bien, privilégiez les **préparations sous forme de smoothies**. Ajustez leur consistance à votre convenance en y ajoutant de l'eau et veillez à ne pas les boire trop rapidement pour ne pas faire gonfler votre estomac.

Pensez surtout à varier les fruits et légumes que vous utilisez, la diversité est la clé pour apporter à votre organisme tous les nutriments dont il a besoin !

LE SMOOTHIE, UN ATOUT POUR VOTRE SANTÉ

Une digestion facile

Mixer les ingrédients végétaux (fruits, légumes, noix et graines), aide à décomposer leurs cellules et les rend donc plus digestes.

Un apport en antioxydants

Les fruits et légumes sont riches en antioxydants et en phytonutriments qui font un corps en pleine santé, parfaitement armé contre les maladies.

Un vrai coup de fouet

Les smoothies regorgent de vitamines et minéraux absorbés rapidement par l'organisme et qui lui donnent un coup de fouet en cas de baisse de régime.

Un esprit clair

Une alimentation plus saine est synonyme d'un esprit plus clair et d'une meilleure concentration.

Une peau éclatante

Les smoothies sont riches en fibres contribuant à drainer les toxines et à désengorger la peau, avec un teint rayonnant à la clé.

Un apport en minéraux

Le calcium, le magnésium et le phosphore des fruits et légumes gardent les os en bonne santé.

LE MATÉRIEL INDISPENSABLE

Blenders

Un blender est un ustensile très utile qui permet de préparer des smoothies mais aussi de nombreuses autres recettes délicieuses, comme les soupes et les sauces. L'achat d'un blender de qualité est donc un excellent investissement.

Optez pour un modèle, avec une vitesse de rotation élevée, un système de lames efficace et une puissance de 1 000 watts maximum afin de ne pas trop dénaturer les aliments. Vous obtiendrez ainsi des smoothies très onctueux, qui se boiront plus facilement.

Un blender bon marché risque de ne pas tenir très longtemps, surtout si vous l'employez régulièrement. Lorsque vous vous servez de votre blender, réglez-le dans un premier temps sur une vitesse faible puis augmentez progressivement pour bien mélanger tous les ingrédients.

Extracteurs de jus

On trouve désormais de nombreux extracteurs de jus sur le marché, plus faciles d'entretien que les premiers modèles. C'est un argument de poids car beaucoup de gens renoncent à préparer eux-mêmes leurs jus en raison de la difficulté de nettoyage des appareils.

Il existe différents styles d'extracteurs de jus, et leur gamme de prix est très étendue. Relativement bon marché, les centrifugeuses fonctionnent à une vitesse élevée et permettent d'extraire le jus très rapidement. Les malaxeurs et les extracteurs à vis extraient le jus beaucoup plus lentement ; les jus obtenus s'oxydent moins vite et se gardent plus longtemps au réfrigérateur avant d'être consommés.

Matériel utile

- blender
- chinois (ou tamis) en plastique
- grande carafe ou petit saladier
- spatule en caoutchouc ou cuillère en bois
- casserole
- extracteur de jus

ASTUCES POUR VOS PRÉPARATIONS

Quelques astuces avant de vous lancer :

- Pour gagner du temps, pensez à congeler vos ingrédients. Pelez-les, coupez-les, glissez-les dans un sac de congélation et placez-les au congélateur. Sortez-les lorsque vous avez une envie de smoothie.

- Les aliments comme les carottes ou les racines comme le gingembre ou le curcuma peuvent donner du fil à retordre à un robot peu puissant. Râpez-les pour vous simplifier la tâche.

- Les légumes-feuilles peuvent eux aussi être récalcitrants : mixez-les d'abord avec les liquides avant d'ajouter les fruits.

- L'herbe de blé et la spiruline sont des ingrédients qui ont du caractère. Leur goût peut surprendre : utilisez-les avec parcimonie avant d'augmenter peu à peu la dose.

- Les smoothies fruités sont savoureux mais sucrés. Surveillez votre consommation de sucre en alternant avec des smoothies riches en légumes.

- Les smoothies contiennent davantage de fibres que les jus. Pour compenser leurs effets, veillez à boire beaucoup d'eau afin de rester hydraté.

- Pour épaissir un smoothie, rien de tel que d'ajouter des glaçons au moment de mixer. Avec des ingrédients surgelés, vous pouvez vous en passer.

- Vous avez vu trop grand ? Si vous n'avez pas utilisé d'ingrédients surgelés, versez le surplus dans un bac à glaçons ou des petits gobelets, et placez-les au congélateur.

LES BIENFAITS DES LÉGUMES VERTS

Les légumes verts ont de nombreuses vertus et sont pleins de bons nutriments. Mais nous avons beau nous efforcer d'en inclure dans notre régime alimentaire, il est parfois difficile d'en manger suffisamment pour apporter à notre corps toutes les vitamines et minéraux dont il a besoin. En extrayant le jus des légumes ou en les mixant, on peut les consommer en quantités bien plus importantes et de manière plus variée.

Les légumes-feuilles possèdent des parois cellulaires constituées essentiellement de cellulose, un élément très difficile à décomposer pour le corps. La transformation de ces légumes en jus et en smoothies facilite l'absorption de leurs nutriments par l'organisme.

Basilic

Cet aromate est riche en nutriments nécessaires à une bonne santé cardiovasculaire. Le basilic est un anti-inflammatoire naturel et un inhibiteur de croissance bactérienne car il cible les toxines qui affectent la peau et les cheveux. C'est une bonne source de vitamine K, de fer, de calcium et de vitamine A, et une herbe idéale pour les personnes souffrant d'inflammation intestinale ou d'arthrite.

Bok choy

Également connu sous le nom de pak choy, le bok choy est un chou chinois de la famille des brassicacées, très efficace dans la prévention du cancer. Il a une teneur élevée en vitamine K (près de la moitié de l'apport journalier recommandé). Le bok choy est également très bien pourvu en antioxydants et en bêta-carotène qui a des effets bénéfiques pour la santé des yeux.

Chou

Cette autre brassicacée est elle aussi une excellente source de vitamines K et C. Il en existe de nombreuses variétés de différentes formes, couleurs et tailles, dont le chou de Bruxelles, une version miniature du chou. Du fait de ses puissantes propriétés anti-inflammatoires, le jus de chou peut contribuer à prévenir ou à guérir les ulcères de l'estomac.

Brocoli

Le brocoli est le légume roi de la famille des brassicacées qui permet de prévenir le cancer mais aussi le diabète, Alzheimer, les maladies cardiaques ou encore l'arthrite. Ce légume-fleur épaissira vos smoothies, il pourra donc être nécessaire d'y ajouter un peu d'eau. Vous pouvez également utiliser ses tiges. Le brocoli contient des vitamines C, K, A et B9 (acide folique), ainsi que des fibres.

Céleri

Le céleri possède des propriétés rafraîchissantes qui participent au maintien d'une température corporelle normale. Il contient des minéraux qui régulent le niveau du pH du sang et neutralisent l'acidité. Membre de la même famille que le fenouil et le persil, il donne aux boissons un goût légèrement salé. Il peut être difficile à mixer car il est très fibreux, mais il est idéal pour préparer des jus. Dans une cure d'amincissement, le céleri aide à réduire de façon significative le taux de cholestérol et son effet diurétique favorise l'élimination des toxines.

Blette

Il existe de nombreuses variétés de ce légume-feuille (verte, blanche, blonde, à carde rouge, à carde jaune) qui entre communément dans la catégorie des légumes verts. C'est un légume dense et qui se mixe bien. Riche en vitamines A, C et K, il est connu pour ses propriétés régulatrices du taux de sucre dans le sang et anti-inflammatoires du fait de sa teneur élevée en phytonutriments.

Feuilles de pissenlit

Riches en vitamines A et K, les feuilles de pissenlit sont réputées purifier le sang et le foie. Dans les jus et smoothies, mieux vaut les mélanger avec d'autres légumes verts ou fruits sucrés car elles sont assez amères.

Poivron vert

Juteux et croquants, les poivrons verts sont riches en silice qui aide à fixer le calcium et ont un effet bénéfique sur le teint. Ils sont également, pour l'organisme, une excellente source de potassium qui contribue à l'équilibre hydrique, et de minéraux qui régulent la tension artérielle.

Chou frisé

Autre membre de la famille des brassicacées, le chou frisé est une arme puissante contre le cancer de la vessie, du sein, du colon, des ovaires et de la prostate. Très bien pourvu en acides gras essentiels oméga-3, il permet de traiter l'arthrite et de soulager les inflammations. Contenant davantage de calcium par calorie que le lait, il est excellent pour la santé des os. Cette variété plus ferme est parfois coriace : mixez bien jusqu'à la disparition de tous les morceaux.

Coriandre

Cet agent purifiant naturel et puissant contient des composés chimiques qui mobilisent les métaux toxiques dans l'organisme et les font sortir des tissus. Très parfumée, la coriandre possède des propriétés antioxydantes, favorise la digestion et l'élimination des gaz intestinaux, apaise les inflammations et abaisse le niveau de sucre et de cholestérol LDL dans le sang.

Roquette

Elle a la forme d'une feuille de chêne, s'utilise en salade et possède un goût poivré qui évoque la moutarde. C'est un membre de la famille des brassicacées et, par conséquent, un puissant légume anticancer. Riche en calcium, en vitamines A, C et K et en potassium, la roquette est un aphrodisiaque naturel qui favorise la digestion et aide à clarifier l'esprit.

Épinard

L'épinard est un légume-feuille à la saveur douce, bourré de vitamines et de minéraux : vitamines A, C, B2, B6, B9 (acide folique) et E, manganèse, magnésium, fer, calcium, potassium, etc. Mais ne l'employez pas systématiquement dans vos jus et smoothies car il contient de l'acide oxalique, une substance qui peut se combiner aux métaux dans l'organisme et être irritant pour les reins. Les épinards sont bénéfiques pour le système digestif, mais aussi pour les os et la peau grâce à leur richesse en vitamines. Ce légume est recommandé pour perdre du poids car il procure rapidement une sensation de satiété.

Persil

Riche en acide folique, cette herbe très commune est capable de neutraliser certaines substances cancérigènes. Le persil favorise le métabolisme des glucides, la perte de poids et la purification du corps, et permet de rehausser les saveurs de vos smoothies, comme la tomate ou le céleri. Il se conserve au réfrigérateur pendant plusieurs jours après avoir été cueilli.

Laitue romaine

Nourrissez votre cortex surrénal avec une ou deux laitues romaines ! Très nutritive, cette salade permet de préserver l'équilibre de votre corps et stimule son processus naturel de purification. Riche en fibres, la laitue romaine nettoie le système digestif et fortifie les muscles et le cœur. Vous pouvez l'ajouter dans n'importe quel smoothie.

Menthe

Pour apporter une touche de fraîcheur à une boisson, ajoutez quelques brins de menthe. Elle contribue à détendre le corps et l'esprit, et elle est également réputée pour apaiser les maux de tête et les nausées, et soulager le stress.

Cresson

Ce légume-feuille au goût piquant contient de la vitamine A, de la vitamine C et du bêta-carotène. Il réduit les dommages subis par l'ADN des globules blancs et favorise la circulation sanguine. Vous pouvez l'intégrer dans vos smoothies pour en relever le goût.

LES SUPERALIMENTS

Il existe un grand nombre de fruits, de légumes, d'épices, de fines herbes et de minéraux pouvant aider à se débarrasser des toxines, stimuler le système immunitaire, faciliter la digestion, faire étinceler la peau et améliorer l'état de santé en général. Intégrez-les dans vos smoothies !

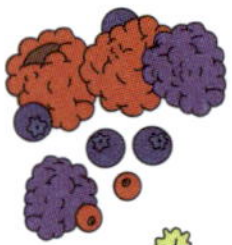

Fruits rouges – Myrtilles, fraises, mûres et framboises stimulent les enzymes purifiantes présentes dans l'organisme. Riches en antioxydants, elles stimulent le système immunitaire et éliminent les radicaux libres.

Carottes et betteraves – Ces deux légumes ont un grand pouvoir alcalinisant qui permet de purifier le foie et de le débarrasser des toxines accumulées. Ils sont pleins de vitamines et de minéraux qui aident à débarrasser le sang des contaminants, tout en contribuant à la bonne santé des yeux et de la peau.

Chou kale – Il regorge d'acides aminés, de calcium, de béta-carotène, de vitamine K, de fer, de manganèse, de zinc, de folates et de sélénium. Il contribue à renforcer le corps, embellir la peau et stimule également le système immunitaire. Il est aussi très riche en antioxydants et fibres.

Gingembre – Cette racine est connue pour ses propriétés purifiantes. Le gingembre stimule le système digestif pour faciliter l'élimination des toxines. Il va aussi aider à soulager les maux courants comme le rhume ou les nausées.

Citron – Très alcalin, il est riche en vitamine C. Il possède également un peu de calcium, de potassium et de magnésium. Le citron est un puissant agent purifiant. Il aide le foie, purifie le sang, rajeunit la peau, détruit les radicaux libres et les bactéries. Il favorise aussi la perte de poids sur le long terme.

Charbon actif – Il aide à purifier grâce à sa capacité à fixer les poisons. Il a le pouvoir d'absorber les métaux lourds, virus, bactéries, toxines fongiques, etc.

Curcuma – Cette épice stimule le métabolisme. Elle possède également des propriétés purifiantes. Le curcuma est enfin connu pour son fort pouvoir antioxydant.

LES ALIMENTS ÉNERGISANTS

Les glucides, les lipides et les protéines constituent le carburant dont notre corps a besoin. Ils nous donnent de l'énergie avant un effort physique et nous aident à récupérer ensuite.

Les glucides

Ils sont la principale source d'énergie. Il en existe deux catégories : les glucides simples et les glucides complexes. Les premiers incluent les fruits, les légumes, les produits laitiers, le blé malté, l'orge, les céréales germées, l'extrait de malt et la mélasse. Les glucides complexes comprennent les féculents, comme le pain, les pommes de terre et les céréales.

Tous les glucides sont transformés en glucose et en glycogène par le corps afin de servir de carburant. Les glucides complexes sont assimilés plus lentement que les glucides simples et fournissent donc de l'énergie à plus long terme. Lors d'une activité physique, les muscles sollicités utilisent le glucose présent dans le sang et le glycogène stocké dans le foie et les muscles. Quand le sang dispose d'assez de glucose, les glucides ingérés sont transformés en glycogène, mais s'il en manque, le glycogène du foie sera transformé en glucose pour être utilisé immédiatement. Il est donc préférable d'entretenir ses réserves de glycogène afin de disposer d'assez d'énergie pour toute la journée.

Ingrédients riches en glucides

Les fruits – La majorité d'entre eux sont une source d'énergie à long terme. Privilégiez les fruits de saison.

Les légumes verts à feuilles – Le chou, le chou frisé, le brocoli et l'épinard sont riches en nutriments et parfaits pour confectionner des smoothies verts. Leur forte teneur en fibres ralentit l'absorption du sucre. L'énergie qu'ils procurent est donc libérée plus lentement et de façon plus régulière, nous gardant plus longtemps alerte sur le plan physique et mental.

Le riz – Le riz cuit ou la boisson de riz est un bon substitut à l'avoine. Son pouvoir énergétique est également lent.

Les lipides

Il en existe deux grands groupes : les acides gras saturés et les acides gras insaturés. Les premiers désignent les mauvaises graisses présentes dans les aliments tels que le beurre, le fromage et les viandes grasses, tandis que les seconds sont des graisses saines présentes dans les huiles végétales, le poisson, les oléagineux, les graines et les avocats.

Comme les glucides, ils fournissent de l'énergie mais celle-ci est libérée moins vite. Au cours d'une activité physique, le corps puise dans ses réserves de glycogène pour disposer rapidement d'énergie, mais lors d'une épreuve d'endurance, il puise dans ses réserves de lipides.

Notre corps peut convertir en graisse les glucides et les protéines en excès dans notre régime alimentaire, mais il n'est pas capable de fabriquer certains acides gras insaturés essentiels. Autrement dit, seuls les aliments que nous consommons peuvent nous les fournir. Les acides gras essentiels sont les oméga-3 présents dans les légumes verts à feuilles et dans certaines huiles végétales, ainsi que les oméga-6 que l'on trouve dans les huiles végétales comme l'huile de tournesol. Les lipides facilitent l'absorption des vitamines liposolubles, comme les vitamines A, D, E, K et aident notre corps à lutter contre le froid et le protègent.

Les ingrédients riches en bonnes graisses

Les graines de lin – Très riches en acides gras oméga-3, elles contiennent aussi des vitamines B, du magnésium et du manganèse. Les vitamines B contribuent à transformer les aliments en énergie. Le magnésium joue un rôle important dans la contraction musculaire et le manganèse est un composé vital de nombreuses enzymes impliquées dans la production d'énergie.

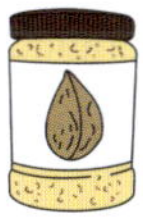

La purée d'amandes – Les amandes sont une bonne source de vitamine E et d'antioxydants, qui stimulent le système immunitaire. Elles contribuent également à soulager les crampes dans les jambes, causées par la fatigue ou par un déséquilibre électrolytique. L'ajout de purée d'amandes ou de purée de noix de cajou dans un smoothie est un moyen efficace de restaurer cet équilibre et de le conserver.

Les protéines

Elles sont indispensables au renforcement musculaire. Elles peuvent servir de source d'énergie, mais uniquement si les réserves de glycogène de votre corps sont complètement épuisées. Elles sont également essentielles à la croissance des tissus sains et à leur réparation.

Les ingrédients riches en protéines

Boisson végétale – Il s'agit d'une excellente source de protéines de bonne qualité, ainsi que de calcium, de zinc et de phosphore. Il existe une grande quantité de boissons de ce type, mais veillez à les choisir sans sucres ajoutés.

Le yaourt – C'est une bonne source de calcium et de phosphore qui fortifient les os. Le yaourt permet également de donner une texture riche et crémeuse aux smoothies. Alternez avec d'autres sources de protéines afin de ne pas trop solliciter certaines enzymes indispensables à digérer les produits laitiers comme la lactase.

L'avoine – Elle fournit des glucides complexes, des fibres, et sa teneur en protéines est relativement élevée. Parfaite dans un smoothie !

ÉNERGISANTS

booster immunitaire

1
2
3
4
5

Une alimentation vertueuse et adaptée peut renforcer votre immunité. Il est important d'y être attentif à l'automne pour se préparer aux mois d'hiver et poursuivre jusqu'à la detox du printemps.

Faites le plein de vitamines et minéraux riches en vitamine C, zinc et magnésium en préparant l'un de ces délicieux smoothies.

Un moyen simple, naturel et efficace pour retrouver l'énergie et booster vos défenses immunitaires !

TRIO DE NOISETTES

Pour 1 personne
Préparation : 5 minutes

INGRÉDIENTS

1 poignée de pousses d'épinard • 1 cuillerée à soupe de noisettes non salées
1 cuillerée à soupe de cranberries séchées • 250 ml de boisson de noisette
1 cuillerée à soupe de purée de noisette • 1 pincée de cacao cru en poudre
1 cuillerée à café d'extrait de vanille

La noisette est une excellente source de vitamine E, qui protège du vieillissement et des maladies en réduisant les inflammations.

SP *Source de protéines* SI *Renforce le système immunitaire* O *Renforce les os*

Dans un blender, mixez les pousses d'épinards, les noisettes, les cranberries séchées, la boisson de noisette, la purée de noisette, le cacao cru et l'extrait de vanille afin d'obtenir une texture lisse.

GREEN COCO

Pour 2 personnes
Préparation : 5 minutes

INGRÉDIENTS

2 poignées de feuilles d'épinard • ½ avocat pelé, dénoyauté et émincé • 1 cuillerée à soupe de noix de cajou non salées • 1 banane pelée et coupée en rondelles 500 ml de lait de coco • 2 cuillerées à soupe de graines de chia • Le zeste de 1 citron vert • Le jus de 1 citron vert • 2 cuillerées à soupe de purée de coco • 1 cuillerée à soupe de sirop d'érable • 1 cuillerée à café d'extrait de vanille

L'avocat contient de bonnes graisses qui contribuent à faire baisser le cholestérol.

SP *Source de protéines* AI *Anti-inflammatoire* SV *Source de vitamines*

Dans un blender, mixez les feuilles d'épinard, l'avocat, les noix de cajou, les rondelles de banane, le lait de coco, les graines de chia, le zeste et le jus de citron vert, la purée de coco, le sirop d'érable et l'extrait de vanille afin d'obtenir une texture lisse.

EAU DE KIWI

Pour 1 personne
Préparation : 5 minutes

INGRÉDIENTS

2 poignées de feuilles d'épinard • ½ avocat pelé, dénoyauté et émincé
160g de mangue pelée et coupée en morceaux • 4 kiwis épluchés et coupés en morceaux
1 cuillerée à café de zeste de citron vert • 1 citron vert pelé

Le kiwi regorge de vitamine K, garante de la santé des os.

SM *Source de minéraux* SI *Renforce le système immunitaire* PE *Bénéfique pour la peau*

Dans un blender, mixez les feuilles d'épinard, l'avocat, les morceaux de mangue et de kiwi, le citron vert et son zeste avec 250 ml d'eau afin d'obtenir une texture lisse.

LÉGUMES & PERSIL

Pour 1 personne
Préparation : 5 minutes

INGRÉDIENTS

2 poignées de feuilles d'épinard • ½ concombre coupé en morceaux
1 branche de céleri coupée en bâtonnets • 1 carotte pelée et coupée en bâtonnets
1 pomme pelée et coupée en morceaux • ½ citron pelé • 30 ml de jus de citron frais
30 ml de jus d'orange frais • 1 petit bouquet de persil • 5 feuilles de menthe

Le persil est une excellente source d'antioxydants et de vitamines K et C.

SM *Source de minéraux* **SI** *Renforce le système immunitaire* **PS** *Purifie le sang*

Dans un blender, mixez les feuilles d'épinard, les morceaux de concombre, les bâtonnets de céleri et de carotte, les morceaux de pomme, le citron, le jus de citron, le jus d'orange, le bouquet de persil et les feuilles de menthe avec 200 ml d'eau afin d'obtenir une texture lisse.

CHOCO & SPIRULINE

Pour 1 personne
Préparation : 5 minutes

INGRÉDIENTS

1 poignée de feuilles d'épinard • 200 g de fruits rouges
250 ml de boisson de riz (ou lait de coco) • 1 cuillerée à soupe de purée d'amandes
4 glaçons • 1 cuillerée à soupe de sirop d'érable • 1 cuillerée à soupe de cacao cru en poudre • 1 cuillerée à café de spiruline en poudre

La spiruline est composée d'environ 60 % de protéines,
elle donne de l'énergie pour toute la journée.

AI *Anti-inflammatoire* **SI** *Renforce le système immunitaire* **SM** *Source de minéraux*

Dans un blender, mixez les feuilles d'épinard, les fruits rouges, la boisson de riz, la purée d'amandes, les glaçons, le sirop d'érable, le cacao cru et la spiruline afin d'obtenir une texture lisse.

CHOCO & AMANDE

Pour 1 personne
Préparation : 5 minutes

INGRÉDIENTS

230 ml de lait d'amande • 1 banane pelée et hachée
1 cuillerée à soupe de purée d'amandes naturelle et onctueuse
3 dattes medjool dénoyautées • 1 cuillerée à soupe de pépites de cacao cru

Le cacao est la plus grande source végétale de fer.

B *Stimule la circulation sanguine* **P** *Source de protéines* **S** *Embellit la peau*

Mixez tous les ingrédients dans un blender jusqu'à l'obtention d'une texture lisse.

DATTE BOOSTER

Pour 1 personne
Préparation : 5 minutes

INGRÉDIENTS

240 ml de boisson d'avoine • 1 banane pelée et hachée
2 dattes medjool dénoyautées • 1 cuillerée à soupe de noisettes mondées
1 cuillerée à café de pépites de cacao cru

Les noisettes sont riches en vitamine E qui contribue à renforcer le système immunitaire.

P *Source de protéines* D *Favorise la digestion* B *Stimule la circulation sanguine*

Mixez tous les ingrédients dans un blender jusqu'à l'obtention d'une texture lisse.

POMME & RADICCHIO

Pour 1 personne
Préparation : 5 minutes

INGRÉDIENTS

¼ de radicchio • 6 radis
1 pomme rouge • 1 petit bouquet de blettes
½ citron vert • 2 carottes

Très bien pourvu en vitamines B2 et B6, ce jus tonifiant est excellent pour le cerveau.

(I) *Immunisant* (AO) *Antioxydant* (A) *Alcalinisant*

Passez tous les ingrédients à l'extracteur de jus.

ORANGE & GINGEMBRE

Pour 1 personne
Préparation : 5 minutes

INGRÉDIENTS

1 betterave
2 oranges
25 g de gingembre

C'est un jus idéal à boire avant de faire de l'exercice car il favorise l'absorption de l'oxygène par les cellules sanguines.

BM *Booste le métabolisme* **SO** *Stimule l'organisme* **ES** *Enrichit le sang*

Passez tous les ingrédients à l'extracteur de jus.

CHOU FRISÉ & COCO

Pour 1 personne
Préparation : 5 minutes

INGRÉDIENTS

2 poignées de chou frisé • 1 banane • ⅓ d'ananas
2 cuillerées à soupe de noix de coco râpée
½ brique d'eau de coco (environ 25 cl)

Riche en vitamines A, C et K, c'est un excellent smoothie antibactérien.

I *Immunisant* **EG** *Élimine les graisses* **RMO** *Renforce les muscles et les os*

Passez les ingrédients au blender, puis ajoutez de l'eau si nécessaire afin d'obtenir la consistance souhaitée.

JALAPEÑO & ORANGE

Pour 1 personne
Préparation : 5 minutes

INGRÉDIENTS

3 tranches de piment jalapeño mariné
1 petite poignée de feuilles de coriandre • 1 poignée de chou frisé
25 g de gingembre • 1 gousse d'ail • 2 oranges

Ce smoothie riche en vitamines A, C et K possède d'excellentes propriétés médicinales.

AI *Anti-inflammatoire* **ES** *Enrichit le sang* **A** *Alcalinisant*

Passez les ingrédients au blender, puis ajoutez de l'eau si nécessaire afin d'obtenir la consistance souhaitée.

MYRTILLE & CHIA

Pour 1 personne
Préparation : 5 minutes

INGRÉDIENTS

2 poignées de myrtilles • 1 orange
1 cuillerée à soupe de graines de chia
½ tête de brocoli

Ce smoothie est un aphrodisiaque naturel.

AI *Anti-inflammatoire* **BP** *Bénéfique pour la peau* **BM** *Booste le métabolisme*

Passez les ingrédients au blender, puis ajoutez de l'eau si nécessaire afin d'obtenir la consistance souhaitée.

SPIRULINE POWER

Pour 1 personne
Préparation : 5 minutes

INGRÉDIENTS

2 poignées de chou kale • Quelques brins de persil • 1 kiwi épluché
1 citron vert épluché • 4 fleurettes de brocoli • 1 petite grappe de raisin blanc
½ cuillerée à café de spiruline en poudre

Ce jus est riche en vitamine C et aide le foie à assurer efficacement sa fonction purifiante.

PS *Purifie le sang* BH *Effet bonne humeur* IF *Anti-infectieux*

Mixez tous les ingrédients au blender avec 200 ml d'eau filtrée jusqu'à l'obtention d'un jus lisse. Passez la préparation au chinois en pressant bien avec une cuillère en bois ou en caoutchouc.

SUPER SPIRULINE

Pour 1 personne
Préparation : 5 minutes

INGRÉDIENTS

1 pamplemousse rose, épluché • 2 poignées de chou kale • 6 grosses asperges
2 branches de céleri • 1 cuillerée à café de spiruline en poudre

Ce smoothie est une excellente source de protéines et de nutriments essentiels.
Il fournit notamment une bonne partie de l'apport journalier recommandé en fer.

PS *Produit du sang* P *Protéiné* A *Alcalinisant*

Mixez tous les ingrédients au blender avec 100 ml d'eau filtrée jusqu'à l'obtention d'un smoothie lisse. Passez la préparation au chinois en pressant bien avec une cuillère en bois ou en caoutchouc.

TOUT VERT

Pour 1 personne
Préparation : 5 minutes

INGRÉDIENTS

2 poignées de chou kale • 1 poignée de jeunes pousses d'épinard
¼ de concombre • 1 petite grappe de raisin blanc • 1 kiwi épluché

Riche en vitamine C, ce jus est idéal pour booster votre système immunitaire.

NF *Nettoie le foie* M *Enrichi en minéraux* BH *Effet bonne humeur*

Mixez tous les ingrédients au blender avec 100 ml d'eau filtrée jusqu'à l'obtention d'un jus lisse. Passez la préparation au chinois en pressant bien avec une cuillère en bois ou en caoutchouc.

VITAMINES POURPRES

Pour 1 personne
Préparation : 5 minutes

INGRÉDIENTS

¼ de chou rouge (125 g environ) • 2 branches de céleri
4 prunes dénoyautées • 1 grosse poignée de mûres

Ce jus est bourré de vitamines puissantes, très bénéfiques pour la santé de votre système immunitaire.

NF *Nettoie le foie* P *Purifiant* I *Immunisant*

Mixez tous les ingrédients au blender avec 100 ml d'eau filtrée jusqu'à l'obtention d'un jus lisse. Passez la préparation au chinois en pressant bien avec une cuillère en bois ou en caoutchouc.

BETTERAVE BOOSTER

Pour 1 personne
Préparation : 5 minutes

INGRÉDIENTS

2 betteraves • 1 poivron rouge épépiné • 2 poignées de chou kale
1 pomme granny smith évidée • 1 cuillerée à café d'herbe de blé en poudre

Ce jus regorge de vitamines A, C et K qui soutiennent votre fonction immunitaire et réduisent les inflammations.

AI *Anti-inflammatoire* P *Purifiant* V *Vitaminé*

Mixez tous les ingrédients au blender avec 200 ml d'eau filtrée jusqu'à l'obtention d'un jus lisse. Passez la préparation au chinois en pressant bien avec une cuillère en bois ou en caoutchouc.

SUPER GLUCIDE

Pour 1 personne
Préparation : 5 minutes

INGRÉDIENTS

125 g de patate douce (environ 1 petite patate douce), épluchée et coupée en petits morceaux • 2 poignées de chou kale
1 poignée d'épinard • 2 pêches dénoyautées • 2 brins de menthe
1 citron vert, épluché

Ce smoothie contient énormément de vitamine D,
primordiale pour maintenir un bon niveau d'énergie.

E *Énergisant* **M** *Enrichi en minéraux* **FD** *Favorise la digestion*

Mixez tous les ingrédients au blender avec 200 ml d'eau filtrée jusqu'à l'obtention d'un smoothie lisse. Passez la préparation au chinois en pressant bien avec une cuillère en bois ou en caoutchouc.

BANANA BOOSTER

Pour 1 personne
Préparation : 5 minutes

INGRÉDIENTS

1 banane épluchée • 1 cuillerée à soupe de beurre de cacahuète
250 ml d'eau de coco

Ce smoothie est riche en potassium qui enrichit
le sang et prévient l'hypertension artérielle.

FD *Favorise la digestion* H *Hydratant* E *Énergisant*

Passez tous les ingrédients au blender jusqu'à l'obtention d'un smoothie lisse.

BETTERAVE FRAÎCHE

Pour 1 personne
Préparation : 5 minutes

INGRÉDIENTS

3 betteraves • 1 poignée de jeunes pousses d'épinard
2 poignées de myrtilles • ¼ de concombre

Ce jus riche en nutriments aide à augmenter votre résistance et à renforcer vos muscles afin qu'ils fassent diminuer plus efficacement votre tension artérielle.

E *Énergisant* PS *Produit du sang* F *Fortifiant*

Mixez tous les ingrédients au blender avec 150 ml d'eau filtrée jusqu'à l'obtention d'un jus lisse. Passez la préparation au chinois en pressant bien avec une cuillère en bois ou en caoutchouc.

SUPER KALE

Pour 1 personne
Préparation : 5 minutes

INGRÉDIENTS

2 poignées de chou kale • 2 petites betteraves • 1 orange épluchée
Quelques brins de persil • 2 branches de céleri • ½ citron épluché
1 cuillerée à soupe d'huile de lin

Ce jus riche en calcium est très bénéfique pour les os.

AI *Anti-inflammatoire* AO *Antioxydant* FD *Favorise la digestion*

Mixez tous les ingrédients au blender avec 200 ml d'eau filtrée jusqu'à l'obtention d'un jus lisse. Passez la préparation au chinois en pressant bien avec une cuillère en bois ou en caoutchouc.

MENTHE ESTIVALE

Pour 1 personne
Préparation : 5 minutes

INGRÉDIENTS

¼ de concombre • ½ melon épluché et évidé
2 poignées de fraises équeutées • 5 feuilles de menthe

Un jus polyvalent très utile pour un système immunitaire en bonne santé.

V *Vitaminé* H *Hydratant* RJ *Rajeunissant*

Mixez tous les ingrédients au blender avec 50 ml d'eau filtrée jusqu'à l'obtention d'un jus lisse. Passez la préparation au chinois en pressant bien avec une cuillère en bois ou en caoutchouc.

COCO ANTIVIRUS

Pour 1 personne
Préparation : 5 minutes

INGRÉDIENTS

100 ml de lait d'amande • ¼ d'une petite pastèque épluchée
100 g de noix de coco crue • 100 ml de yaourt nature • 1 cuillerée à café de miel

Un excellent smoothie pour tuer les bactéries nocives et les virus.

H *Hydratant* ES *Enrichit le sang* RJ *Rajeunissant*

Mixez tous les ingrédients au blender jusqu'à l'obtention d'un smoothie lisse. Passez la préparation au chinois en pressant bien avec une cuillère en bois ou en caoutchouc.

EAU D'AÇAÏ

Pour 1 personne
Préparation : 5 minutes

INGRÉDIENTS

¼ de pastèque épluchée • ½ concombre • Quelques brins de coriandre
1 cuillerée à café de poudre d'açaï

Riche en acides gras essentiels, ce jus favorise les conditions d'une bonne santé.

H *Hydratant* V *Vitaminé* SS *Stimule le sang*

Mixez tous les ingrédients au blender avec 100 ml d'eau filtrée jusqu'à l'obtention d'un jus lisse. Passez la préparation au chinois en pressant bien avec une cuillère en bois ou en caoutchouc.

CACAO & NOIX

Pour 1 personne
Préparation : 5 minutes

INGRÉDIENTS

75 g de noix du Brésil • 1 cuillerée à soupe d'huile de coco
1 datte medjool dénoyautée • 1 cuillerée à café de pépites de cacao cru

Ce smoothie est riche en magnésium qui aide à détendre les muscles, améliore le péristaltisme des intestins et décontracte le système cardiaque et cardiovasculaire.

RS *Régulateur sanguin* AO *Antioxydant* AI *Anti-inflammatoire*

Mixez tous les ingrédients au blender avec 300 ml d'eau filtrée jusqu'à l'obtention d'un smoothie lisse. Passez la préparation au chinois en pressant bien avec une cuillère en bois ou en caoutchouc.

PAMPLEMOUSSE BOOSTER

Pour 1 personne
Préparation : 5 minutes

INGRÉDIENTS

1 pamplemousse blanc, épluché • 1 pomme granny smith évidée
2 poignées de chou kale • 5 feuilles de menthe

Véritable explosion de vitamine C, ce jus contribue à la bonne santé du système immunitaire.

CF *Coupe-faim* V *Vitaminé* RD *Régule la digestion*

Mixez tous les ingrédients au blender avec 100 ml d'eau filtrée jusqu'à l'obtention d'un jus lisse. Passez la préparation au chinois en pressant bien avec une cuillère en bois ou en caoutchouc.

BROCOLI & PASTÈQUE

Pour 1 personne
Préparation : 5 minutes

INGRÉDIENTS

4 fleurettes de brocoli • 250 g de pastèque épluchée • 3 radis
100 ml d'eau de coco

Ce jus regorge de vitamines et vous aidera à renforcer votre système cardiovasculaire.

CF *Coupe-faim* AB *Antibactérien* PS *Produit du sang*

Mixez tous les ingrédients au blender jusqu'à l'obtention d'un jus lisse. Passez la préparation au chinois en pressant bien avec une cuillère en bois ou en caoutchouc.

PERSIL & ÉPINARD

Pour 2 personnes
Préparation : 5 minutes

INGRÉDIENTS

1 cuillerée à café de spiruline en poudre • 2 poignées de feuilles d'épinard
1 pomme granny smith évidée • ½ concombre • 4 brins de persil

Ce jus hautement nutritif est particulièrement bénéfique pour le cerveau.

RS *Régulateur sanguin* PR *Protéiné* V *Vitaminé*

Mixez tous les ingrédients au blender avec 100 ml d'eau filtrée jusqu'à l'obtention d'un jus lisse. Passez la préparation au chinois en pressant bien avec une cuillère en bois ou en caoutchouc.

POIVRON & POMME

Pour 1 personne
Préparation : 5 minutes

INGRÉDIENTS

1 carotte pelée et coupée en rondelles • 2 fleurettes de brocoli
1 pomme épépinée et coupée en morceaux • 1 poivron rouge coupé en lamelles • le jus de ½ citron • 2,5 cm de gingembre pelé
½ cuillerée à café de curcuma moulu

Tous les ingrédients de cette recette participent à la stimulation du système immunitaire. Les brocolis regorgent de vitamines A, C et E.

D *Facilite la digestion* SV *Source de vitamines* SM *Source de minéraux*

Dans un blender, mixez les rondelles de carotte, les fleurettes de brocoli, les morceaux de pomme, les lamelles de poivron, le jus de citron, le gingembre et le curcuma afin d'obtenir un mélange homogène.

JUS DE POPEYE

Pour 1 personne
Préparation : 5 minutes

INGRÉDIENTS

2 poignées d'épinard
⅓ d'ananas
2 poignées de framboises

Plein de vitamines et de minéraux, ce jus va faire monter en flèche votre taux de fer.

BM *Booste le métabolisme* **BP** *Bénéfique pour la peau* **FD** *Favorise la digestion*

Passez tous les ingrédients à l'extracteur de jus.

DÉTOX
perte de poids

1
2
3
4
5

Il est primordial de détoxifier son corps à la fin de l'hiver pour éliminer les toxines accumulées. Ce peut être également le bon moment de retrouver son poids idéal.

Pour réussir une détox, privilégiez avant tout les légumes verts riches en fibres aux vertus drainantes et purifiantes.

Ces délicieuses recettes de smoothies détox peuvent être préparées pour le petit déjeuner, le déjeuner ou le dîner, ou encore pour un en-cas healthy et savoureux.

L'AS DE LA PURIFICATION

Pour 2 personnes
Préparation : 5 minutes

INGRÉDIENTS

1 carotte pelée et coupée en rondelles • 1 betterave pelée et coupée en rondelles
1 pomme épépinée et coupée en morceaux • 1 poire épépinée et coupée en morceaux
1 citron pelé et coupé en morceaux • 2,5 cm de gingembre pelé

Le gingembre contient des gingérols, composés anti-inflammatoires très puissants.

SV *Source de vitamines* CS *Stimule la circulation sanguine* AL *Alcalinisant*

Dans un blender, mixez les rondelles de carotte et de betterave, les morceaux de pomme, de poire et de citron, le gingembre et 450 ml d'eau afin d'obtenir un mélange homogène.

POMME & ANANAS

Pour 1 personne
Préparation : 5 minutes

INGRÉDIENTS

2 pommes épépinées et coupées en morceaux • ¼ d'ananas coupé en morceaux
½ cuillerée à café de charbon actif • 2,5 cm de gingembre pelé
Les feuilles de 1 brin de menthe

La pomme, excellente source de fibres insolubles, contribue à détoxifier le système digestif.

SV *Source de vitamines* SI *Renforce le système immunitaire* D *Facilite la digestion*

Dans un blender, mixez les morceaux de pomme et d'ananas, le charbon actif, le gingembre, les feuilles de menthe et 240 ml d'eau afin d'obtenir un mélange homogène.

RAISIN & POMME

Pour 1 personne
Préparation : 5 minutes

INGRÉDIENTS

1 avocat • ½ concombre coupé en rondelles
2 pommes épépinées et coupées en morceaux • Le jus de ½ citron
1 poignée de grains de raisin blanc sans pépins

Le raisin regorge de micronutriments, dont le cuivre, le fer et le manganèse, qui jouent un rôle important dans la formation et la solidité des os.

SV *Source de vitamines* SI *Renforce le système immunitaire* AI *Anti-inflammatoire*

Dans un blender, mixez l'avocat, les morceaux de pomme, les rondelles de concombre, le jus de citron, les grains de raisin blanc et 240 ml d'eau afin d'obtenir un mélange homogène.

KALE & BAIES NOIRES

Pour 1 personne
Préparation : 5 minutes

INGRÉDIENTS

1 poignée de feuilles de kale • 1 betterave pelée et coupée en rondelles
1 poignée de mûres et myrtilles mélangées • ½ cuillerée à café de charbon actif
Le jus de 1 citron • 2,5 cm de gingembre pelé

Les fruits rouges sont des superaliments qui favorisent
la détox de l'organisme.

AI *Anti-inflammatoire* SI *Renforce le système immunitaire* P *Purifiant*

Dans un blender, mixez les feuilles de kale, les rondelles de betterave, les mûres et myrtilles mélangées, le charbon actif, le jus de citron, le gingembre et 130 ml d'eau afin d'obtenir un mélange homogène.

JUS VERT AUX FIBRES

Pour 1 personne
Préparation : 5 minutes

INGRÉDIENTS

½ tête de brocoli • 1 petite grappe de raisin blanc sans pépins
1 poignée d'épinard • ¼ de chou vert • 1 pomme rouge

Bourré de vitamine C et d'antioxydants, ce jus est efficace pour résister aux maladies.

FD *Favorise la digestion* BP *Bénéfique pour la peau* ES *Enrichit le sang*

Passez tous les ingrédients à l'extracteur de jus.

POIVRON VERT

Pour 1 personne
Préparation : 5 minutes

INGRÉDIENTS

3 piments jalapeño • 1 poivron vert
½ concombre • 2 poignées de roquette
1 pomme rouge

Riche en calcium, en vitamine C et en fer, ce jus est également plein de nutriments qui stimulent le système immunitaire.

BM *Booste le métabolisme* AI *Anti-inflammatoire* ES *Enrichit le sang*

Passez tous les ingrédients à l'extracteur de jus.

CITRON PURIFIANT

Pour 1 personne
Préparation : 5 minutes

INGRÉDIENTS

Le jus de ½ citron • Le jus de ½ citron vert • 1 pincée de piment de Cayenne
15 g de gingembre • 1 cuillerée à café de sirop d'agave

Ce jus permet de maintenir votre métabolisme en bonne santé, de booster votre immunité et apporte de l'alcalinité à votre organisme.

BM *Booste le métabolisme* SS *Stimule le sang* P *Purifiant*

Mixez tous les ingrédients au blender avec 200 ml d'eau filtrée jusqu'à l'obtention d'un jus lisse. Passez la préparation dans un chinois placé au-dessus d'une carafe ou d'un petit saladier en pressant bien à l'aide d'une cuillère en bois ou d'une spatule en caoutchouc.

BOUQUET DE CÉLERI

Pour 1 personne
Préparation : 5 minutes

INGRÉDIENTS

2 branches de céleri • ½ concombre • 2 poignées de chou kale
1 pomme granny smith évidée • ½ citron épluché • 1 cuillerée à café de miel

Ce jus est idéal car il réhydrate le corps grâce à ses minéraux très riches.

AS *Antistress* ES *Enrichit le sang* V *Vitaminé*

Mixez tous les ingrédients au blender avec 150 ml d'eau filtrée jusqu'à l'obtention d'un jus lisse. Passez la préparation au chinois en pressant bien avec une cuillère en bois ou en caoutchouc.

ANANAS & ÉPINARD

Pour 2 personnes
Préparation : 5 minutes

INGRÉDIENTS

⅓ d'ananas épluché et coupé en morceaux • 2 branches de céleri
2 poignées d'épinard • Quelques brins de persil

Très riche en antioxydants, ce smoothie augmente le taux d'oxygène dans le sang.

D *Diurétique* **RJ** *Rajeunissant* **RV** *Revitalisant*

Mixez tous les ingrédients au blender avec 50 ml d'eau filtrée jusqu'à l'obtention d'un smoothie lisse. Passez la préparation au chinois en pressant bien avec une cuillère en bois ou en caoutchouc.

BETTERAVE ÉNERGISANTE

Pour 1 personne
Préparation : 5 minutes

INGRÉDIENTS

1 pomme granny smith évidée • 1 carotte • 2 petites betteraves
Quelques feuilles de menthe • 1 citron épluché • 15 g de gingembre

Excellent purificateur pour le foie, ce jus aide aussi à éliminer les toxines dans le sang.

M *Enrichi en minéraux* F *Fortifiant* ES *Enrichit le sang*

Mixez tous les ingrédients au blender avec 150 ml d'eau filtrée jusqu'à l'obtention d'un jus lisse. Passez la préparation au chinois en pressant bien avec une cuillère en bois ou en caoutchouc.

ANANAS FRAPPÉ

Pour 2 personnes
Préparation : 5 minutes

INGRÉDIENTS

1 avocat coupé en deux • 1 poignée d'épinards
¼ d'ananas coupé en tranches • 1 poignée de glaçons

Les épinards ont une action dépurative
et fournissent les fibres alimentaires nécessaires.

SP *Source de protéines* PE *Bénéfique pour la peau* SV *Source de vitamines*

Dans un blender, mixez l'avocat coupé en deux, les épinards, les tranches d'ananas, les glaçons et 180 ml d'eau afin d'obtenir un mélange homogène.

POIRE & POMME

Pour 1 personne
Préparation : 5 minutes

INGRÉDIENTS

2 poires épépinées et coupées en quartiers
1 pomme épépinée et coupée en quartiers • 1 poignée d'épinards
2 feuilles de laitue • 1 citron pelé et coupé en quartiers

Les poires sont une excellente source de potassium, remarquable vasodilatateur qui contribue à abaisser la tension artérielle.

AL *Alcalinisant* SM *Source de minéraux* DÉ *Détoxifiant*

Dans un blender, mixez les épinards, les feuilles de laitue, les quartiers de poire, de pomme et de citron et 240 ml d'eau afin d'obtenir un mélange homogène.

BETTERAVE ROUGE

Pour 2 personnes
Préparation : 5 minutes

INGRÉDIENTS

3 carottes pelées et coupées en rondelles • 2 betteraves rouges pelées et coupées en rondelles • 2 pommes épépinées et coupées en quartiers
1 citron pelé et coupé en deux • 2,5 cm de gingembre pelé

La betterave rouge contient de l'acide folique, essentiel pour la croissance des tissus.

SV *Source de vitamines* **AL** *Alcalinisant* **SM** *Source de minéraux*

Dans un blender, mixez les rondelles de carotte, les rondelles de betterave, les quartiers de pomme, le citron coupé en deux, le gingembre et 480 ml d'eau afin d'obtenir un mélange homogène.

CITRON & POIVRE DE CAYENNE

Pour 1 personne
Préparation : 5 minutes

INGRÉDIENTS

2 citrons pelés • 3 pommes épépinées et coupées en morceaux
1 cuillerée à café de poivre de Cayenne

Le poivre de Cayenne regorge de minéraux essentiels, dont le sélénium, indispensable au bon fonctionnement du cœur et du foie.

AL *Alcalinisant* CS *Améliore la circulation sanguine* DÉ *Détoxifiant*

Dans un blender, mixez les citrons, les morceaux de pomme, le poivre de Cayenne et 150 ml d'eau afin d'obtenir un mélange homogène.

LAITUE & SPIRULINE

Pour 1 personne
Préparation : 5 minutes

INGRÉDIENTS

3 feuilles de laitue • ¼ d'ananas coupé en morceaux
2 pommes et épépinées et coupées en morceaux
2 citrons pelés et coupés en morceaux • ½ cuillerée à café de spiruline

La spiruline est riche en protéines et en micronutriments,
dont le calcium, excellent pour les os et les dents.

AL *Alcalinisant* SV *Source de vitamines* DÉ *Détoxifiant*

Dans un blender, mixez les feuilles de laitue, les morceaux d'ananas, de pomme et de citron, la spiruline et 240 ml d'eau afin d'obtenir un mélange homogène.

LÉGUMES VERTS & POMME

Pour 1 personne
Préparation : 5 minutes

INGRÉDIENTS

60 g de feuilles de kale • 1 poignée d'épinards • ½ concombre coupé en rondelles
1 pomme épépinée et coupée en morceaux • Le jus de ½ citron
Les feuilles de 1 brin de persil • ½ cuillerée à café de miel (facultatif)

Très riche en antioxydants, le persil est un formidable diurétique.

SM *Source de minéraux* AI *Anti-inflammatoire* PE *Bénéfique pour la peau*

Dans un blender, mixez les feuilles de kale, les épinards, les rondelles de concombre, les morceaux de pomme, le jus de citron, les feuilles de persil, le miel et 240 ml d'eau afin d'obtenir un mélange homogène.

FENOUIL & CHOU FRISÉ

Pour 1 personne
Préparation : 5 minutes

INGRÉDIENTS

1 bulbe de fenouil • 2 brins d'origan • 2 brins de basilic
2 poignées de chou frisé • ½ concombre
1 tomate • ½ avocat • 1 filet de jus de citron vert

Purifiez votre organisme en buvant ce smoothie,
plein de vitamine C et de fibres.

D *Détoxifiant* **ES** *Enrichit le sang* **FD** *Favorise la digestion*

Passez les ingrédients au blender, puis ajoutez de l'eau si nécessaire
afin d'obtenir la consistance souhaitée.

THÉ VERT & MANDARINE

Pour 1 personne
Préparation : 5 minutes

INGRÉDIENTS

3 mandarines pelées
250 ml de thé vert refroidi • Les feuilles de 1 brin de menthe

Le thé vert est riche en vitamines B, folates, manganèse, potassium, magnésium, caféine et autres antioxydants, dont des catéchines.

SV *Source de vitamines* D *Facilite la digestion* R *Rafraîchissant*

Dans un blender, mixez les mandarines, le thé vert refroidi et les feuilles de menthe afin d'obtenir un mélange homogène.

ANANAS & CHARBON

Pour 1 personne
Préparation : 5 minutes

INGRÉDIENTS

15 feuilles de kale • 1 pomme épépinée et coupée en morceaux
115 g d'ananas coupé en morceaux • 1 cuillerée à soupe de graines de lin moulues
2 cuillerées à soupe de lait de coco • ½ cuillerée à café de charbon actif

Le charbon actif possède la propriété d'attirer les toxines qui sont ensuite éliminées avec lui.

SM *Source de minéraux* DÉ *Détoxifiant* O *Renforce les os*

Dans un blender, mixez les feuilles de kale, les morceaux d'ananas, les morceaux de pomme, le lait de coco, les graines de lin, le charbon actif et 240 ml d'eau afin d'obtenir un mélange homogène.

ANANAS & PERSIL

Pour 2 personnes
Préparation : 5 minutes

INGRÉDIENTS

2 branches de céleri coupées en morceaux • ½ concombre coupé en rondelles
150 g d'ananas coupé en morceaux • ½ citron pelé et coupé en morceaux
480 ml d'eau de coco • 5 brins de persil • 2,5 cm de gingembre

Le persil contient de la vitamine K qui contribue à la régulation de la coagulation sanguine.

SV *Source de vitamines* CS *Stimule la circulation sanguine* DÉ *Détoxifiant*

Dans un blender, mixez les morceaux de céleri, les rondelles de concombre, les morceaux d'ananas et de citron, l'eau de coco, les feuilles de persil et le gingembre afin d'obtenir un mélange homogène.

HARMONIE VERTE

Pour 1 personne
Préparation : 5 minutes

INGRÉDIENTS

½ concombre coupé en rondelles • 1 branche de céleri coupée en morceaux
60 g de feuilles de kale • ½ citron pelé et coupé en morceaux
1 pomme épépinée et coupée en morceaux

Les concombres, qui font partie de la famille des melons, contribuent à la réhydratation du corps.

AL *Alcalinisant* SM *Source de minéraux* DÉ *Détoxifiant*

Dans un blender, mixez les rondelles de concombre, les morceaux de céleri, les feuilles de kale, les morceaux de citron, les morceaux de pomme et 240 ml d'eau afin d'obtenir un mélange homogène.

GRENADE & CHARBON

Pour 1 personne
Préparation : 5 minutes

INGRÉDIENTS

30 g de feuilles de kale • 100 g de myrtilles
2 pommes épépinées et coupées en morceaux • 1 citron pelé et coupé en morceaux
250 ml de jus de grenade • ½ cuillerée à café de charbon actif

La grenade est très riche en vitamines C et E, bénéfiques pour la santé du cœur.

SV *Source de vitamines* **SI** *Renforce le système immunitaire* **AI** *Anti-inflammatoire*

Dans un blender, mixez les feuilles de kale, les myrtilles, les morceaux de pomme et de citron, le jus de grenade et le charbon actif afin d'obtenir un mélange homogène.

POIRE & CÉLERI AU CITRON

Pour 1 personne
Préparation : 5 minutes

INGRÉDIENTS

½ concombre coupé en rondelles • 2 poignées de feuilles de kale
2 branches de céleri coupées en morceaux
3 poires épépinées et coupées en morceaux • 1 citron pelé et coupé en morceaux

Le céleri contient des phtalides, des composés organiques capables d'abaisser le niveau des hormones liées au stress dans le sang.

SV *Source de vitamines* SI *Renforce le système immunitaire* AL *Alcalinisant*

Dans un blender, mixez les rondelles de concombre, les feuilles de kale, les morceaux de céleri, de poire et de citron et 240 ml d'eau afin d'obtenir un mélange homogène.

CONCOMBRE & RAISIN

Pour 1 personne
Préparation : 5 minutes

INGRÉDIENTS

1 concombre coupé en rondelles • 1 poignée d'épinards
2 poignées de grains de raisin vert • Les feuilles de 1 brin de persil
Les feuilles de 1 brin de menthe

Le concombre est riche en acide folique et en vitamines A et C. Sa peau regorge de fibres et de minéraux, dont le magnésium et le potassium.

AL *Alcalinisant* H *Hydratant* DÉ *Détoxifiant*

Dans un blender, mixez les rondelles de concombre, les épinards, les grains de raisin vert, les feuilles de persil, les feuilles de menthe et 240 ml d'eau afin d'obtenir un mélange homogène.

KIWI MINCEUR

Pour 1 personne
Préparation : 5 minutes

INGRÉDIENTS

2 poignées d'épinards • 2 branches de céleri coupées en morceaux
1 pomme épépinée et coupée en morceaux • 3 kiwis pelés et coupés en rondelles

Le kiwi possède une faible densité calorique mais un pouvoir rassasiant élevé.

SV *Source de vitamines* SI *Renforce le système immunitaire* AI *Anti-inflammatoire*

Dans un blender, mixez les épinards, les morceaux de céleri, les morceaux de pomme, les rondelles de kiwi et 240 ml d'eau afin d'obtenir un mélange homogène.

CÉLERI & TOMATE

Pour 1 personne
Préparation : 5 minutes

INGRÉDIENTS

1 pomme épépinée et coupée en morceaux • 2 carottes pelées et coupées en rondelles
½ poivron rouge coupé en lamelles • 1 branche de céleri coupée en morceaux
2 petites tomates coupées en morceaux • 2 tranches de piment jalapeño
en saumure • Les feuilles de 2 brins de persil

La tomate est une bonne source de vitamine A, C et E.

É *Énergisant* CS *Stimule la circulation sanguine* SM *Source de minéraux*

Dans un blender, mixez les morceaux de pomme, les rondelles de carotte, les lamelles de poivron, les morceaux de céleri, les morceaux de tomate, les tranches de piment jalapeño en saumure, les feuilles de persil et 240 ml d'eau afin d'obtenir un mélange homogène.

TONIQUE AU PISSENLIT

Pour 1 personne
Préparation : 5 minutes

INGRÉDIENTS

1 pincée de piment de Cayenne • ¼ de radicchio
1 poignée de feuilles de pissenlit • 25 g de gingembre
1 filet de jus de citron

Ce jus riche en chlorophylle favorise le nettoyage des organes vitaux et a un effet bénéfique sur la peau.

P *Purifiant* D *Diurétique* BM *Booste le métabolisme*

Mettez le piment de Cayenne dans un verre. Passez le radicchio, les feuilles de pissenlit et le gingembre à l'extracteur de jus puis ajoutez le liquide obtenu dans le verre avec le filet de jus de citron. Remuez un peu avant de boire.

BRÛLEUR DE GRAISSES

Pour 1 personne
Préparation : 5 minutes

INGRÉDIENTS

3 carottes
1 poignée de chou frisé
½ citron • 50 g de gingembre

Riche en fibres et stimulant, ce jus favorise la circulation sanguine et est efficace pour combattre les infections.

(BM) *Booste le métabolisme* (RMO) *Renforce les muscles et les os* (I) *Immunisant*

Passez tous les ingrédients à l'extracteur de jus.

MELON & CÉLERI

Pour 1 personne
Préparation : 5 minutes

INGRÉDIENTS

¼ de chou vert • 1 pomme rouge
2 branches de céleri
¼ de melon Galia

Ce jus possède une teneur élevée en vitamines C et K
et est excellent pour purifier le foie.

BP *Bénéfique pour la peau* RMO *Renforce les muscles et les os* SO *Stimule l'organisme*

Passez tous les ingrédients à l'extracteur de jus.

MELON & PISSENLIT

Pour 1 personne
Préparation : 5 minutes

INGRÉDIENTS

1 branche de céleri • 1 petit bouquet de persil
1 poignée de chou frisé • ½ petite tête de brocoli
1 petit bouquet de feuilles de pissenlit • ¼ de melon • 1 kiwi

Ce jus riche en potassium et en calcium
est l'un des meilleurs qui soient.

BP *Bénéfique pour la peau* FD *Favorise la digestion* SO *Stimule l'organisme*

Passez tous les ingrédients à l'extracteur de jus.

REVITALISANTS
après le sport

1
2
3
4
5

Si vous avez fortement sollicité vos muscles lors d'une séance de sport, ceux-ci demandent à être alimentés en énergie et la faim est le signe que votre corps a besoin de nouveau de carburant !

Évitez la fatigue et les blessures après l'entraînement en donnant à votre organisme les nutriments nécessaires pour récupérer en privilégiant des ingrédients riches en protéines et de bons glucides.

Découvrez des recettes gourmandes et rassasiantes à déguster avec plaisir après votre séance de sport !

PROTÉINES B

Pour 1 personne
Préparation : 5 minutes

INGRÉDIENTS

120 g de baies mélangées • 1 pêche coupée en deux, dénoyautée et hachée
40 g d'ananas coupé en gros morceaux • 1 dose de protéines en poudre
½ cuillerée à soupe de pépites de cacao cru • 1 cuillerée à café de poudre d'açaï

Faites le plein de protéines avec ce smoothie rassasiant.

V *Source de vitamines* B *Stimule le sang* I *Booste l'immunité*

Mixez tous les ingrédients dans un blender avec 250 ml d'eau jusqu'à l'obtention d'une texture lisse.

BANANE & QUINOA

Pour 2 personnes
Préparation & cuisson : 10 minutes

INGRÉDIENTS

2 carottes pelées et coupées en rondelles • 2 bananes pelées et coupées en rondelles
60 g d'ananas pelé et coupé en rondelles • 2 cuillerées à café de raisins secs
4 noix torréfiées • 60 g de quinoa cuit (50 g cru)
450 ml de boisson de noisette • 1 pincée de cannelle

Le quinoa est une excellente source de calcium, de magnésium et de manganèse.

É *Énergétique* SI *Renforce le système immunitaire* SP *Source de protéines*

Dans un blender, mixez les rondelles de carotte, de banane et d'ananas, les raisins secs, les noix torréfiées, le quinoa cuit, la boisson de noisette et la cannelle afin d'obtenir une texture lisse.

MÛRE & BANANE

Pour 1 personne
Préparation : 5 minutes

INGRÉDIENTS

200 g de mûres • 1 banane pelée et coupée en rondelles • 250 ml de boisson d'avoine • 2 cuillerées à soupe de protéines en poudre au chocolat

La mûre regorge de vitamine C et compte parmi les fruits les plus riches en antioxydants.

É *Énergétique* D *Facilite la digestion* SP *Source de protéines*

Dans un blender, mixez les mûres, les rondelles de banane, la boisson d'avoine et les protéines en poudre au chocolat afin d'obtenir une texture lisse.

BAN'AMANDE

Pour 1 personne
Préparation : 5 minutes

INGRÉDIENTS

1 banane pelée et coupée en rondelles • 2 dattes Medjool dénoyautées • 250 ml de lait d'amande • 2 cuillerées à soupe de yaourt au lait de coco • 1 cuillerée à soupe de purée d'amande • ½ cuillerée à café de noix de muscade moulue

La noix de muscade permet de mieux dormir et stimule le système immunitaire, tout en soulageant les indigestions.

P *Probiotique* **D** *Facilite la digestion* **SP** *Source de protéines*

Dans un blender, mixez les rondelles de banane, les dattes Medjool, le lait d'amande, le yaourt au lait de coco, la purée d'amande et la noix de muscade afin d'obtenir une texture lisse.

COCO & FRAMBOISE

Pour 1 personne
Préparation : 5 minutes

INGRÉDIENTS

2 poignées de feuilles d'épinard • 200 g de framboises
250 ml de boisson d'avoine • 3 glaçons • 2 cuillerées à soupe de graines de lin moulues • 2 cuillerées à soupe de noix de coco non sucrée râpée
1 cuillerée à soupe de cacao cru en poudre

La framboise contient plus de fibres que n'importe quel autre fruit. Elle est parfaite pour le petit déjeuner, car elle donne une impression de satiété durable.

SV *Source de vitamines* D *Facilite la digestion* SP *Source de protéines*

Dans un blender, mixez les feuilles d'épinard, les framboises, la boisson d'avoine, les glaçons, les graines de lin, la noix de coco râpée et le cacao cru afin d'obtenir une texture lisse.

MUESLI MIX

Pour 2 personnes
Préparation : 5 minutes

INGRÉDIENTS

100 g de framboises • 375 ml de boisson d'avoine • 1 cuillerée à café de zeste de citron 2 cuillerées à soupe de flocons d'avoine • Le jus de ½ citron • 1 cuillerée à soupe de sirop d'érable • 1 cuillerée à soupe de purée de noix de cajou • 1 cuillerée à soupe de graines de chia • 1 ½ cuillerée à café de graines de pavot • 1 cuillerée à café d'extrait de vanille

Les graines de pavot contiennent des minéraux essentiels,
comme le zinc et le calcium.

AI *Anti-inflammatoire* SI *Renforce le système immunitaire* SP *Source de protéines*

Dans un blender, mixez les framboises, le zeste de citron, les flocons d'avoine, la boisson d'avoine, le jus de citron, le sirop d'érable, la purée de noix de cajou, les graines de chia, les graines de pavot et l'extrait de vanille afin d'obtenir une texture lisse.

BANANAVOINE

Pour 1 personne
Préparation : 5 minutes

INGRÉDIENTS

250 ml de lait d'amande • 100 g de flocons d'avoine • 1 banane pelée et hachée
2 dattes medjool dénoyautées • 1 cuillerée à soupe d'amandes crues

Les bananes regorgent de potassium, un minéral indispensable au bon fonctionnement du cœur et pour réguler la tension artérielle.

P *Riche en protéines* S *Embellit la peau* M *Source de minéraux*

Mixez tous les ingrédients dans un blender jusqu'à l'obtention d'une texture lisse.

AVOCAT & ORANGE

Pour 1 personne
Préparation : 5 minutes

INGRÉDIENTS

Le jus de 3 oranges • ½ avocat dénoyauté et pelé • 1 banane pelée et hachée
60 ml de yaourt nature • 2 cuillerées à soupe de graines de chanvre décortiquées
1 cuillerée à soupe de graines de lin moulues • 3 dattes medjool dénoyautées

L'avocat, les graines de lin et de chanvre contiennent des acides gras qui contribuent au bon fonctionnement du cerveau.

S *Embellit la peau* P *Source de protéines* V *Riche en vitamines*

Mixez tous les ingrédients dans un blender jusqu'à l'obtention d'une texture lisse. Ajoutez de l'eau si vous trouvez le smoothie trop épais.

BIEN-ÊTRE À LA NOIX

Pour 1 personne
Préparation : 5 minutes

INGRÉDIENTS

230 ml de lait d'amande • 120 ml d'eau de coco • 10 amandes crues
10 noix de cajou crues • 5 noisettes décortiquées
1 banane pelée et hachée • 2 dattes medjool dénoyautées
1 cuillerée à soupe de beurre de cacahuètes naturel onctueux
1 cuillerée à soupe de graines de lin moulues • 1 pincée de sel marin

Les fruits à coque sont riches en acides gras, en fibres, en protéines, en magnésium et en vitamine E.

P *Source de protéines* D *Facilite la digestion* I *Immunostimulant*

Mixez tous les ingrédients dans un blender jusqu'à l'obtention d'une texture lisse.

AVOCAT PROTÉINÉ

Pour 1 personne
Préparation : 5 minutes

INGRÉDIENTS

½ avocat pelé, dénoyauté et émincé • 2 poignées de feuilles d'épinard
½ banane pelée et coupée en rondelles • 250 ml de boisson de noix de cajou
2 glaçons • 2 cuillerées à soupe de graines de chanvre décortiquées

L'avocat est riche en potassium, qui contribue à réguler l'hypertension artérielle.

SV *Source de vitamines* PE *Bénéfique pour la peau* SM *Source de minéraux*

Dans un blender, mixez l'avocat, les feuilles d'épinard, les rondelles de banane, la boisson de noix de cajou, les glaçons et les graines de chanvre afin d'obtenir une texture lisse.

SARRASIN QUATRE-ÉPICES

Pour 1 personne
Préparation & cuisson : 10 minutes

INGRÉDIENTS

1 banane pelée et coupée en rondelles • 2 dattes Medjool dénoyautées
50 g de gruau de sarrasin cuit (30 g cru) • 1 cuillerée à soupe de graines de chanvre écalées • ½ cuillerée à café de cannelle moulue • 1 pincée de mélange quatre-épices

Le sarrasin est une excellente source de cuivre, de magnésium et de phosphore, mais aussi d'antioxydants.

SM *Source de minéraux* M *Booste le métabolisme* O *Renforce les os*

Dans un blender, mixez les rondelles de banane, les dattes Medjool, le gruau de sarrasin cuit, les graines de chanvre, la cannelle et le mélange quatre-épices avec 250 ml d'eau afin d'obtenir une texture lisse.

BROCOLI

Pour 2 personnes
Préparation : 5 minutes

INGRÉDIENTS

150 g de brocoli coupé détaillé en fleurettes • 2 bananes pelées et coupées en rondelles
1 cuillerée à soupe de sirop d'érable • 1 cuillerée à soupe de purée de noix de cajou

Le brocoli contient énormément de vitamines A et K
et aide à mieux stocker la vitamine D.

SM *Source de minéraux* **PE** *Bénéfique pour la peau* **C** *Renforce le corps*

Dans un blender, mixez les fleurettes de brocoli, les rondelles de banane, le sirop d'érable et la purée de noix de cajou avec 250 ml d'eau afin d'obtenir une texture lisse.

MANGUE & CAJOU

Pour 1 personne
Préparation : 5 minutes

INGRÉDIENTS

50 g de noix de cajou • 1 mangue pelée dénoyautée et coupée en morceaux
3 dattes Medjool dénoyautées • 100 g de myrtilles
1 cuillerée à soupe de graines de chia • 1 cuillerée à soupe de flocons d'avoine

Les noix de cajou contiennent des vitamines E, K et B6 ainsi que des minéraux comme du cuivre, du phosphore, du zinc, du magnésium, du fer et du sélénium.

O *Renforce les os* **D** *Facilite la digestion* **É** *Énergétique*

Dans un blender, mixez les noix de cajou, les morceaux de mangue, les dattes Medjool, les myrtilles, les graines de chia et les flocons d'avoine avec 250 ml d'eau afin d'obtenir une texture lisse. Si le mélange est trop épais à votre goût, ajoutez de l'eau afin d'atteindre la consistance désirée.

AVOINE & TOFU

Pour 1 personne
Préparation : 5 minutes

INGRÉDIENTS

240 ml de lait d'amande • 45 g de flocons d'avoine • 130 g de tofu soyeux ferme
1 cuillerée à soupe de miel brut • ½ avocat dénoyauté et pelé

Le tofu est une excellente source d'acides aminés, de fer et de calcium.

S *Embellit la peau* V *Source de vitamines* P *Riche en protéines*

Mixez tous les ingrédients dans un blender jusqu'à l'obtention d'une texture lisse.

LAIT FRAMBOISE

Pour 1 personne
Préparation : 5 minutes

INGRÉDIENTS

150 ml de boisson d'avoine • 125 g de framboises • 1 kiwi pelé
100 ml de yaourt nature • 1 cuillerée à café de miel brut
1 cuillerée à soupe de noix de cajou crues

Les framboises regorgent de vitamine C. Celle-ci est nécessaire à la croissance et à la régénération des cellules du corps.

V *Source de vitamines* D *Facilite la digestion* P *Riche en protéines*

Mixez tous les ingrédients dans un blender jusqu'à l'obtention d'une texture lisse.

CITRON VERT & MANGUE ÉPICÉS

Pour 1 personne
Préparation : 5 minutes

INGRÉDIENTS

240 ml de lait d'amande • 1 banane pelée et hachée
100 g de mangue coupée en morceaux
3 rondelles de piment jalapeño mariné • ½ avocat dénoyauté et pelé
2 cuillerées à soupe de graines de chanvre décortiquées • Le jus de ½ citron vert

Riches en potassium, les mangues contiennent aussi beaucoup de calcium, de fer, de magnésium et de phosphore.

P *Source de protéines* **S** *Embellit la peau* **V** *Riche en vitamines*

Mixez tous les ingrédients dans un blender jusqu'à l'obtention d'une texture lisse.

COCO & CRANBERRY

Pour 1 personne
Préparation : 5 minutes

INGRÉDIENTS

240 ml de lait de coco sans sucres ajoutés
1 banane pelée et hachée • 30 g de cranberries séchées
1 cuillerée à soupe de purée d'amandes naturelle et onctueuse
1 cuillerée à soupe de graines de chanvre décortiquées
½ cuillerée à soupe de graines de chia

Les cranberries séchées sont une bonne source de vitamines C et A et de folate.

P *Source de protéines* M *Riche en minéraux* B *Fortifie les os*

Mixez tous les ingrédients dans un blender jusqu'à l'obtention d'une texture lisse.

CAJOU & MYRTILLE

Pour 1 personne
Préparation : 5 minutes

INGRÉDIENTS

240 ml de boisson de noix de cajou • 45 g de flocons d'avoine
140 g de myrtilles • 1 dose de protéines en poudre
1 cuillerée à soupe de purée de noix de cajou naturelle

Les myrtilles contribuent à réguler le taux de sucre dans le sang.

P *Source de protéines* **D** *Facilite la digestion* **B** *Fortifie les os*

Mixez tous les ingrédients dans un blender jusqu'à l'obtention d'une texture lisse.

LAIT CITROUILLE

Pour 1 personne
Préparation & cuisson : 10 minutes

INGRÉDIENTS

120 g de purée de citrouille • 1 cuillerée à soupe de purée d'amandes naturelle et onctueuse • 1 dose de protéines en poudre • 100 ml de yaourt nature 140 ml de lait d'amande • 2,5 cm de gingembre pelé • 1 pincée de cannelle moulue 1 cuillerée à café de graines de courge

La citrouille est très riche en fibres et en potassium, qui favorisent la digestion.

B *Stimule la circulation sanguine* **A** *Anti-inflammatoire* **P** *Source de protéines*

Mixez tous les ingrédients dans un blender jusqu'à l'obtention d'une texture lisse.

COCKTAIL PÊCHU

Pour 1 personne
Préparation : 5 minutes

INGRÉDIENTS

120 ml de yaourt nature • ½ banane pelée et hachée • 100 g de myrtilles
1 pêche coupée en deux et dénoyautée • 1 poignée de jeunes pousses d'épinard
1 cuillerée à soupe de purée d'amande naturelle et onctueuse

Les pêches regorgent d'acide folique, de vitamines A, C, E et de potassium.

V *Source de vitamines* M *Riche en minéraux* B *Stimule le cerveau*

Mixez tous les ingrédients dans un blender avec 120 ml d'eau jusqu'à l'obtention d'une texture lisse.

CACAO & LIN

Pour 1 personne
Préparation : 5 minutes

INGRÉDIENTS

80 g de fraises équeutées • ½ banane pelée et hachée
80 ml de yaourt nature • 2 cuillerées à soupe de graines de lin moulues
1 cuillerée à soupe de pépites de cacao cru • 2 dattes medjool dénoyautées

Les graines de lin sont une source importante d'acides gras oméga-3,
qui font baisser le taux de sucre dans le sang.

B *Stimule la circulation sanguine* D *Facilite la digestion* V *Riche en vitamines*

Mixez tous les ingrédients dans un blender avec 160 ml d'eau
jusqu'à l'obtention d'une texture lisse.

VERTE AVOINE

Pour 1 personne
Préparation : 5 minutes

INGRÉDIENTS

120 ml de lait d'amande • 1 poignée de jeunes pousses d'épinard
240 ml de yaourt grec nature • 1 banane pelée et hachée
2 cuillerées à soupe de graines de chia • 30 g de flocons d'avoine

Le yaourt grec apporte les protéines nécessaires à une bonne récupération.

D *Facilite la digestion* P *Source de protéines* V *Riche en vitamines*

Mixez tous les ingrédients dans un blender jusqu'à l'obtention d'une texture lisse.

AMANDE ÉNERGIE

Pour 1 personne
Préparation : 5 minutes

INGRÉDIENTS

240 ml de lait d'amande • 1 poignée de jeunes pousses d'épinard
30 g de flocons d'avoine • 1 banane pelée et hachée
1 pincée de cannelle moulue • 1 cuillerée à soupe d'amandes crues

L'avoine contient une fibre soluble puissante, du bêta-glucane, qui contribue à faire baisser le cholestérol.

M *Riche en minéraux* B *Fortifie les os* E *Énergisant*

Mixez tous les ingrédients dans un blender jusqu'à l'obtention d'une texture lisse.

HARICOT & AVOCAT

Pour 1 personne
Préparation & cuisson : 10 minutes

INGRÉDIENTS

60 g de haricots noirs refroidis • 200 ml de boisson de riz
1 poignée de jeunes pousses d'épinard • 120 ml de yaourt grec nature
½ avocat dénoyauté et pelé • 1 cuillerée à soupe de miel brut

Les haricots noirs sont riches en fibres, en potassium, en folate et en vitamine B qui sont excellents pour le cœur.

P *Source de protéines* S *Embellit la peau* M *Riche en minéraux*

Mixez tous les ingrédients dans un blender jusqu'à l'obtention d'une texture lisse.

TOTALEMENT NOIX

Pour 1 personne
Préparation : 5 minutes

INGRÉDIENTS

120 ml de lait d'amande • 1 banane pelée et hachée
1 petite poignée de noix • 1 petite poignée de noix de pécan
120 ml de yaourt grec nature • 60 g de flocons d'avoine

Riches en acides gras oméga-3, les noix sont une bonne source d'acides gras non insaturés qui sont excellents pour le cœur.

E *Énergisant* M *Riche en minéraux* B *Fortifie les os*

Mixez tous les ingrédients dans un blender jusqu'à l'obtention d'une texture lisse.

VITAPÊCHE

Pour 1 personne
Préparation & cuisson : 10 minutes

INGRÉDIENTS

100 g de haricots cannellini cuits et refroidis • 240 ml de boisson de riz
200 g de pêche coupée en morceaux • 1 cuillerée à soupe d'amandes crues
1 pincée de cannelle moulue

Les haricots cannellini sont truffés d'antioxydants, de fer et de fibres alimentaires.

P *Source de protéines* **I** *Immunostimulant* **V** *Riche en vitamines*

Mixez tous les ingrédients dans un blender jusqu'à l'obtention d'une texture lisse.

SARRASIN & DATTE

Pour 1 personne
Préparation : 5 minutes

INGRÉDIENTS

30 g de flocons de sarrasin • 140 ml de boisson de riz complet
100 ml de yaourt grec nature • 2 dattes medjool dénoyautées
1 banane pelée et hachée

Le sarrasin abonde en nutriments qui régulent le taux de sucre dans le sang, en faisant baisser les pics de glucose et d'insuline dans le corps.

D *Favorise la digestion* P *Source de protéines* B *Fortifie les os*

Mixez tous les ingrédients dans un blender jusqu'à l'obtention d'une texture lisse.

LA MUSE DU PETIT DÉJEUNER

Pour 1 personne
Préparation : 5 minutes

INGRÉDIENTS

20 g de flocons d'avoine • ½ mangue pelée et coupée en dés • ½ banane pelée
1 poignée de myrtilles • 1 pomme épépinée et coupée en morceaux
120 ml de yaourt nature

Les flocons d'avoine sont très riches en fibres, qui participent à la stabilisation de la glycémie durant la journée.

SP *Source de protéines* **D** *Facilite la digestion* **SV** *Source de vitamines*

Dans un blender, mixez les flocons d'avoine, les dés de mangue, la banane, les myrtilles, les morceaux de pomme, le yaourt nature et 120 ml d'eau afin d'obtenir un mélange homogène.

ANTIOXYDANTS
beauté

1
2
3
4
5

L'alimentation joue un rôle essentiel pour la santé de votre peau.

Améliorez sa qualité et son éclat en consommant régulièrement de supers ingrédients tels que les fruits rouges aux vertus hydratantes et antioxydantes.

Ces smooothies et jus, riches en minéraux, omégas-9, vitamines C et E, stimuleront votre production de collagène qui renforcera la fermeté et la souplesse de votre peau.

MÛRE & BASILIC

Pour 1 personne
Préparation : 5 minutes

INGRÉDIENTS

160 g de mûres • 1 banane pelée et coupée en rondelles
230 ml de boisson de noix de cajou • 1 poignée de feuilles de basilic
½ cuillerée à café d'extrait de vanille

Le basilic est une excellente source de fer, de calcium et même d'acides gras oméga-3.

É *Énergétique* CS *Stimule la circulation sanguine* SV *Source de vitamines*

Dans un blender, mixez les mûres, les rondelles de banane, la boisson de noix de cajou, les feuilles de basilic et l'extrait de vanille afin d'obtenir une texture lisse.

FRAMBOISE & FIGUE

Pour 2 personnes
Préparation : 5 minutes

INGRÉDIENTS

75 g de noix de cajou non salées • 180 g de framboises • 2 figues
450 ml de boisson de riz brun • 1 cuillerée à soupe de sirop d'érable
2 cuillerées à soupe de cacao cru en poudre • ½ cuillerée à café de paprika
1 cuillerée à café de poudre de maca

La figue contient de la vitamine B et des fibres.
Avec ce smoothie, vous tiendrez sans problème jusqu'au déjeuner.

É *Énergétique* D *Facilite la digestion* SP *Source de protéines*

Dans un blender, mixez les noix de cajou, les framboises, les figues, la boisson de riz brun, le sirop d'érable, le cacao cru, le paprika et la poudre de maca afin d'obtenir une texture lisse.

SUBLIME MYRTILLE

Pour 1 personne
Préparation : 5 minutes

INGRÉDIENTS

1 cuillerée à soupe d'amandes non salées • 150 g de myrtilles
2 cuillerées à soupe de flocons d'avoine • 250 ml de lait d'amande
1 cuillerée à soupe de protéines en poudre à la vanille

Tout comme la fraise, la myrtille regorge d'anthocyanes, qui maintiennent le cœur en bonne santé.

SP *Source de protéines* **É** *Énergétique* **SV** *Source de vitamines*

Dans un blender, mixez les amandes, les myrtilles, les flocons d'avoine, le lait d'amande et la poudre de protéines à la vanille afin d'obtenir une texture lisse.

POMME BLEUE

Pour 1 personne
Préparation : 5 minutes

INGRÉDIENTS

230 ml de jus de pomme • 160 g de myrtilles • 1 banane pelée et hachée
50 ml d'eau de coco • Le jus de ¼ de citron

Les pommes contiennent des enzymes qui favorisent la décomposition des glucides.
Cela a pour effet de réguler la glycémie.

V *Source de vitamines* H *Hydratant* S *Bon pour la peau*

Mixez tous les ingrédients dans un blender jusqu'à l'obtention d'une texture lisse.

VITAMINE E

Pour 1 personne
Préparation : 5 minutes

INGRÉDIENTS

2 poignées de feuilles d'épinard • ½ avocat pelé, dénoyauté et émincé
1 petite grappe de raisin noir • 6 fraises équeutées
1 cuillerée à soupe de purée d'amande • 1 cuillerée à café de graines de lin moulues

L'avocat et les feuilles d'épinard sont tous deux riches en vitamine E.

SM *Source de minéraux* **SI** *Renforce le système immunitaire* **AI** *Anti-inflammatoire*

Dans un blender, mixez les feuilles d'épinard, l'avocat, les grains de raisin noir, les fraises, la purée d'amande et les graines de lin avec 250 ml d'eau afin d'obtenir une texture lisse.

KALE TOUT DOUX

Pour 2 personnes
Préparation : 5 minutes

INGRÉDIENTS

1 grosse poignée de pousses de kale • ½ concombre coupé en morceaux
1 branche de céleri coupée en morceaux • 1 pomme épépinée et coupée en morceaux
½ mangue pelée et coupée en morceaux • La chair de ½ pamplemousse rose
2 cuillerées à soupe de graines de chanvre décortiquées • 5 feuilles de menthe

Le kale est riche en calcium, qui renforce les os.

SM *Source de minéraux* C *Renforce le corps* AI *Anti-inflammatoire*

Dans un blender, mixez les pousses de kale, les morceaux de concombre, de céleri, de pomme et de mangue, la chair de pamplemousse rose, les graines de chanvre et les feuilles de menthe avec 450 ml d'eau afin d'obtenir une texture lisse.

THÉ VERT & MELON MIEL

Pour 1 personne
Préparation : 5 minutes

INGRÉDIENTS

200 g de melon miel pelé et coupé en tranches • 2 poignées de feuilles d'épinard
½ concombre coupé en morceaux • 250 ml de thé vert
1 cuillerée à soupe de jus de citron • 1 cm de gingembre pelé

Le melon miel stimule la production de collagène et répare les tissus.

É *Énergétique* CS *Stimule la circulation sanguine* H *Hydratant*

Dans un blender, mixez les tranches de melon miel, les feuilles d'épinard, les morceaux de concombre, le thé vert, le jus de citron et le gingembre afin d'obtenir une texture lisse

GREEN PÊCHE

Pour 1 personne
Préparation : 5 minutes

INGRÉDIENTS

2 poignées de jeunes pousses d'épinard • 2,5 cm de gingembre pelé
160 g de quartiers de pêche (fraîche ou surgelée) • 2 cuillerées à café de miel brut

Les pêches sont bénéfiques pour nos cellules car elles sont une source importante de thiamine, de riboflavine et de vitamine B6.

B *Fortifie les os* **B** *Stimule le sang* **I** *Booste l'immunité*

Mixez tous les ingrédients dans un blender avec 250 ml d'eau jusqu'à l'obtention d'une texture lisse.

PASTÈQUE & GINGEMBRE

Pour 1 personne
Préparation : 5 minutes

INGRÉDIENTS

½ avocat, pelé, dénoyauté et émincé • 200 g de pastèque pelée, épépinée et coupée en morceaux • 200 g de fruits rouges • 250 ml d'eau de coco
2 cuillerées à café de graines de chia • 2,5 cm de gingembre pelé

Le gingembre regorge de propriétés anti-inflammatoires.

CS *Stimule la circulation sanguine* É *Énergétique* SI *Renforce le système immunitaire*

Dans un blender, mixez l'avocat, les morceaux de pastèque, les fruits rouges, l'eau de coco, les graines de chia et le gingembre afin d'obtenir une texture lisse. Si le mélange est trop épais à votre goût, ajoutez de l'eau minérale ou de l'eau de coco afin d'obtenir la consistance désirée.

GOJI & CAJOU

Pour 1 personne
Préparation : 5 minutes

INGRÉDIENTS

60 g de noix de cajou non salées • 200 g de framboises
1 cuillerée à soupe de baies de goji • 5 dattes Medjool dénoyautées
1 cuillerée à café de zeste de citron vert • 250 ml de boisson d'avoine

Les baies de goji sont riches en antioxydants, comme la zéaxanthine, traitement naturel contre la dégénérescence maculaire.

SV *Source de vitamines* **SI** *Renforce le système immunitaire* **AI** *Anti-inflammatoire*

Dans un blender, mixez les noix de cajou, les framboises, les baies de goji, les dattes Medjool, le zeste de citron vert et la boisson d'avoine afin d'obtenir une texture lisse.

LA VIE EN ROSE

Pour 1 personne
Préparation : 5 minutes

INGRÉDIENTS

1 pamplemousse rose pelé • 250 g de framboises
1 pomme épépinée et coupée en morceaux

Le pamplemousse donne à l'organisme un petit coup de fouet.
Il intensifie sa purification.

SV *Source de vitamines* SI *Renforce le système immunitaire* P *Purifiant*

Dans un blender, mixez le pamplemousse rose, les framboises, les morceaux de pomme et 240 ml d'eau afin d'obtenir un mélange homogène.

COCKTAIL AUX TROIS RAISINS

Pour 1 personne
Préparation : 5 minutes

INGRÉDIENTS

230 ml de jus de raisin • 80 g de raisin rouge
80 g de raisin noir • 80 g de raisin blanc • Le jus de ½ citron
3 cuillerées à soupe de graines de chanvre décortiquées

Le raisin est riche en vitamines A, C, B6 et en folate.

V *Source de vitamines* A *Alcalinisant* I *Immunostimulant*

Mixez tous les ingrédients dans un blender jusqu'à l'obtention d'une texture lisse.

HARMONIE ORANGE

Pour 2 personnes
Préparation : 5 minutes

INGRÉDIENTS

2 oranges pelées • 250 g d'ananas coupé en morceaux
1 patate douce pelée et coupée en morceaux • 1 citron pelé
2,5 cm de gingembre pelé • Les feuilles de 1 brin de menthe

L'orange produit des composés phytochimiques qui contribuent
à la prévention du cancer.

SV *Source de vitamines* **CS** *Stimule la circulation sanguine* **AL** *Alcalinisant*

Dans un blender, mixez les oranges, les morceaux d'ananas, les morceaux de patate douce, le citron, le gingembre, les feuilles de menthe et 480 ml d'eau afin d'obtenir un mélange homogène.

BETTERAVE & GINGEMBRE

Pour 2 personnes
Préparation : 5 minutes

INGRÉDIENTS

1 betterave pelée et coupée en morceaux • 1 concombre coupé en rondelles
3 carottes pelées et coupées en rondelles • 1 poignée de feuilles d'épinard
1 pomme épépinée et coupée en morceaux • 2,5 cm de gingembre

La betterave contient de la silice, qui aide le corps à utiliser le calcium, important pour la santé musculo-squelettique et la réduction des risques d'ostéoporose.

SV *Source de vitamines* SI *Renforce le système immunitaire* SM *Source de minéraux*

Dans un blender, mixez les morceaux de betterave, les rondelles de concombre, les rondelles de carotte, l'épinard, les morceaux de pomme, le gingembre et 500 ml d'eau afin d'obtenir un mélange homogène.

MÛRE & AMANDE

Pour 1 personne
Préparation : 5 minutes

INGRÉDIENTS

1 poignée de mûres • 5 amandes émondées
240 ml de lait d'amande • 2 cuillerées à soupe de yaourt au lait de coco
½ cuillerée à café de cannelle moulue

Les amandes sont très riches en protéines. Très nourrissantes, elles permettent de tenir plus longtemps sans avoir faim.

SM *Source de minéraux* SV *Source de vitamines* SP *Source de protéines*

Dans un blender, mixez les mûres, les amandes, le lait d'amande, le yaourt au lait de coco et la cannelle afin d'obtenir un mélange homogène.

MELON & GINGEMBRE

Pour 1 personne
Préparation : 5 minutes

INGRÉDIENTS

¼ de melon coupé en morceaux • ½ concombre coupé en rondelles
Le jus de ½ citron • Les feuilles de 3 brins de menthe
2,5 cm de gingembre pelé

Le melon est riche en vitamine C, qui participe à la guérison des blessures, à la bonne santé des tissus conjonctifs et à la protection cellulaire.

P *Purifiant* **PE** *Bénéfique pour la peau* **AL** *Alcalinisant*

Dans un blender, mixez les morceaux de melon, les rondelles de concombre, le jus de citron, les feuilles de menthe, le gingembre et 120 ml d'eau afin d'obtenir un mélange homogène.

PAMPLEMOUSSE & CITRON VERT

Pour 1 personne
Préparation : 5 minutes

INGRÉDIENTS

3 feuilles de laitue • 1 pamplemousse pelé et coupé en morceaux
1 poignée de grains de raisin blanc sans pépins • 1 citron vert pelé et coupé en morceaux • 1 kiwi pelé et coupé en rondelles

Le pamplemousse est riche en vitamines A et C.

SV *Source de vitamines* **SI** *Renforce le système immunitaire* **C** *Stimule le cerveau*

Dans un blender, mixez les feuilles de laitue, les morceaux de pamplemousse, les grains de raisin, les morceaux de citron, les rondelles de kiwi et 240 ml d'eau afin d'obtenir un mélange homogène.

RÊVE DE PERSIL

Pour 1 personne
Préparation : 5 minutes

INGRÉDIENTS

1 petit concombre coupé en rondelles • 1 poignée de feuilles d'épinard
1 pomme épépinée et coupée en morceaux • 175 ml de lait d'amande
1 cuillerée à soupe de miel • 60 g de feuilles de persil
2,5 cm de gingembre pelé

Le persil est très efficace pour lutter contre l'arthrite rhumatoïde.

PE *Bénéfique pour la peau* **EH** *Équilibre les hormones* **AI** *Anti-inflammatoire*

Dans un blender, mixez les rondelles de concombre, l'épinard, les morceaux de pomme, le lait d'amande, le miel, les feuilles de persil et le gingembre afin d'obtenir un mélange homogène.

GRENADE & BETTERAVE

Pour 1 personne
Préparation : 5 minutes

INGRÉDIENTS

2 betteraves • 1 grenade
1 grappe de raisin rouge • 1 filet de jus de citron

Ce jus contient la moitié de l'apport journalier
recommandé en vitamine C.

EG *Élimine les graisses* **P** *Purifiant* **PP** *Purifie la peau*

Prélevez les graines de la grenade et passez-les à l'extracteur de jus. Passez le reste des ingrédients à l'extracteur de jus puis mélangez avec le jus de grenade.

BAIES EN FORCE

Pour 1 personne
Préparation : 5 minutes

INGRÉDIENTS

2 poignées de myrtilles • 2 poignées de cassis
2 brins de basilic • 2 betteraves

Bourré d'antioxydants, ce jus est excellent pour le sang.

ES *Enrichit le sang* **AI** *Anti-inflammatoire* **FD** *Favorise la digestion*

Passez tous les ingrédients à l'extracteur de jus.

ÉPINARD & FRUITS ROUGES

Pour 1 personne
Préparation : 5 minutes

INGRÉDIENTS

2 poignées d'épinard
1 poignée de framboises • 1 poignée de myrtilles
2 oranges

Très bien pourvu en vitamines et en fer, ce smoothie vous aidera à combattre les infections.

ES *Enrichit le sang* **BP** *Bénéfique pour la peau* **P** *Purifiant*

Passez les ingrédients au blender, puis ajoutez de l'eau si nécessaire afin d'obtenir la consistance souhaitée.

POIRE & BOK CHOY

Pour 1 personne
Préparation : 5 minutes

INGRÉDIENTS

1 poignée de chou frisé • 1 bok choy
2 poires • 1 poignée de fraises
1 filet de jus de citron vert

Ce smoothie possède une teneur élevée en antioxydants
et est excellent pour les yeux.

FD *Favorise la digestion* **I** *Immunisant* **ES** *Enrichit le sang*

Passez les ingrédients au blender, puis ajoutez de l'eau si nécessaire
afin d'obtenir la consistance souhaitée.

MYRTILLE & CHOU FRISÉ

Pour 1 personne
Préparation : 5 minutes

INGRÉDIENTS

2 poignées de chou frisé • 2 poignées de myrtilles
2 poires • ½ citron, pressé

Bourré de vitamines A, C et K, ce smoothie enrichira votre sang.

AI *Anti-inflammatoire* **RMO** *Renforce les muscles et les os* **FD** *Favorise la digestion*

Passez les ingrédients au blender, puis ajoutez de l'eau si nécessaire afin d'obtenir la consistance souhaitée.

GOJI & MANDARINE

Pour 1 personne
Préparation : 5 minutes

INGRÉDIENTS

2 cuillerées à café de baies de goji séchées
1 mangue • 1 mandarine
2 branches de céleri • 1 laitue pommée

Ce smoothie est un concentré de vitamine C et de bêta-carotène, qui est excellent pour la peau et réduit les inflammations.

SC *Stimule le cerveau* AI *Anti-inflammatoire* BP *Bénéfique pour la peau*

Passez les ingrédients au blender, puis ajoutez de l'eau si nécessaire afin d'obtenir la consistance souhaitée. Vous trouverez des baies de goji dans la plupart des magasins bio ou sur Internet.

TONIQUE POUR LA PEAU

Pour 1 personne
Préparation : 5 minutes

INGRÉDIENTS

½ avocat • ½ botte d'asperges
2 oranges • 1 brin de basilic
1 filet de jus de citron

Riche en nutriments et en fibres, ce smoothie favorise
la beauté de l'intérieur.

SO *Stimule l'organisme* **ES** *Enrichit le sang* **BP** *Bénéfique pour la peau*

Passez les ingrédients au blender, puis ajoutez de l'eau si nécessaire
afin d'obtenir la consistance souhaitée.

ZESTE VERT

Pour 1 personne
Préparation : 5 minutes

INGRÉDIENTS

2 poires épépinées • 1 poignée de jeunes pousses d'épinard
5 fleurettes de brocoli • 1 citron, le zeste d'une moitié, le reste épluché

Ce jus est bourré de flavonoïdes qui contribuent au rajeunissement cutané.

V *Anti-inflammatoire* **ES** *Enrichit le sang* **RT** *Réduit la tension artérielle*

Mixez tous les ingrédients au blender avec 200 ml d'eau filtrée jusqu'à l'obtention d'un jus lisse. Passez la préparation au chinois en pressant bien avec une cuillère en bois ou en caoutchouc.

ANANAS BOOSTER

Pour 1 personne
Préparation : 5 minutes

INGRÉDIENTS

1 orange épluchée • ½ fenouil • 50 ml de jus d'aloe vera
½ ananas épluché et coupé en petits morceaux • 10 feuilles de menthe
2 poignées de feuilles d'épinard

Ce jus est riche en vitamine C dont on a besoin pour synthétiser le collagène. Le collagène est la principale protéine structurelle requise pour préserver les vaisseaux sanguins, la peau et les os.

AI *Anti-inflammatoire* M *Enrichi en minéraux* FD *Favorise la digestion*

Mixez tous les ingrédients au blender jusqu'à l'obtention d'un jus lisse. Passez la préparation au chinois en pressant bien avec une cuillère en bois ou en caoutchouc.

CONCOMBRE THAÏ

Pour 1 personne
Préparation : 5 minutes

INGRÉDIENTS

¼ de concombre • ½ melon, soit environ 150 g, épluché et épépiné
1 tige de citronnelle • 2 poignées de chou kale • 100 ml d'eau de coco

Ce jus est riche en vitamine A qui est primordiale pour la bonne santé des dents, de la peau, des os et des muqueuses. Elle favorise aussi une bonne vue.

RG *Régénérant* AI *Anti-inflammatoire* P *Purifiant*

Mixez tous les ingrédients au blender jusqu'à l'obtention d'un jus lisse. Passez la préparation au chinois en pressant bien avec une cuillère en bois ou en caoutchouc.

PURIFIANTS
digestion

1
2
3
4
5

Une digestion difficile peut être synonyme d'une mauvaise assimilation des nutriments essentiels au fonctionnement de votre organisme.

Prendre soin de sa flore intestinale et veiller à purifier son système digestif sont deux clés majeures pour prendre soin de sa santé globale.

Retrouvez dans ce chapitre une sélection de recettes aux ingrédients variés, riches en probiotiques ou en fibres, qui vous assureront une excellente digestion tout au long des saisons.

CORIANDRE & ÉPICES

Pour 1 personne
Préparation : 5 minutes

INGRÉDIENTS

1 poignée de feuilles de coriandre • 1 bok choy • 1 pomme rouge
2 branches de céleri • 25 g de gingembre • 1 pincée de curcuma
1 pincée de piment de Cayenne • 1 filet de jus de citron

Ce smoothie possède une teneur élevée en fer et est idéal pour lutter contre les affections digestives.

BM *Booste le métabolisme* **ES** *Enrichit le sang* **I** *Immunisant*

Passez les ingrédients au blender, puis ajoutez de l'eau si nécessaire afin d'obtenir la consistance souhaitée.

FESTIN D'AVOCAT

Pour 2 personnes
Préparation : 5 minutes

INGRÉDIENTS

1 avocat dénoyauté et épluché • Le jus d'½ citron vert • 2 brins de persil
1 pomme granny smith évidée • 5 feuilles de menthe
½ concombre • 1 petite grappe de raisin blanc, épépiné

Ce délicieux smoothie est riche en vitamines K, C, B et E.

RS *Régule le sang* PR *Protéiné* F *Fortifiant*

Cette recette est prévue pour 2 jours. Passez tous les ingrédients au blender avec 300 ml d'eau filtrée.

TROPICAL AU CHOU

Pour 1 personne
Préparation : 5 minutes

INGRÉDIENTS

½ chou vert • 1/3 d'ananas
2 mangues • 25 g de gingembre
1 cuillerée à café de miel

Ce smoothie plein de vitamines C et K facilite la digestion.

BM *Booste le métabolisme* FD *Favorise la digestion* BP *Bénéfique pour la peau*

Passez les ingrédients au blender (à l'exception du miel), puis ajoutez de l'eau si nécessaire afin d'obtenir la consistance souhaitée. Ajoutez le miel avant de boire.

FENOUIL

Pour 1 personne
Préparation : 5 minutes

INGRÉDIENTS

1 bulbe de fenouil
¼ de chou rouge
4 pommes rouges

Ce jus plein de vitamine C permet de réduire les inflammations.

D *Détoxifiant* **ES** *Enrichit le sang* **FD** *Favorise la digestion*

Passez tous les ingrédients à l'extracteur de jus.

PAPAYE & MENTHE

Pour 1 personne
Préparation : 5 minutes

INGRÉDIENTS

2 papayes • 2 poignées de chou frisé
1 poire • 2 brins de menthe
1 citron vert

Ce jus est plein de vitamine C et a un effet apaisant pour le corps.

ES *Enrichit le sang* **FD** *Favorise la digestion* **AI** *Anti-inflammatoire*

Passez tous les ingrédients à l'extracteur de jus.

ROQUETTE & ORANGE

Pour 1 personne
Préparation : 5 minutes

INGRÉDIENTS

2 poignées de roquette
2 poignées d'herbe de blé
2 oranges

Faites le plein d'énergie avec ce jus stimulant
riche en vitamines A, C et K.

BM *Booste le métabolisme* I *Immunisant* ES *Enrichit le sang*

Passez tous les ingrédients à l'extracteur de jus.

MATCHA & ÉPINARD

Pour 1 personne
Préparation : 5 minutes

INGRÉDIENTS

1 cuillerée à café de psyllium • 1 cuillerée à soupe de flocons d'avoine
1 poignée d'épinards • 1 poignée de myrtilles
1 cuillerée à café de poudre de thé matcha • 150 ml de lait d'amande

Les ingrédients de cette recette stimulent le métabolisme. Semblable au blé et à l'avoine, le psyllium est riche en fibres solubles qui contribuent à purifier le corps.

D *Facilite la digestion* **SI** *Renforce le système immunitaire* **SM** *Source de minéraux*

Dans un blender, mixez le psyllium, les flocons d'avoine, les épinards, les myrtilles, la poudre de thé matcha et le lait d'amande afin d'obtenir un mélange homogène.

MENTHE ÉPICÉE

Pour 1 personne
Préparation : 5 minutes

INGRÉDIENTS

½ concombre coupé en rondelles • 1 branche de céleri coupée en morceaux
3 tranches de piment jalapeño en saumure
2 pommes épépinées et coupées en morceaux • Les feuilles de 3 brins de menthe

La menthe facilite la digestion en activant les glandes salivaires et digestives.

SV *Source de vitamines* **SI** *Renforce le système immunitaire* **É** *Énergisant*

Dans un blender, mixez les rondelles de concombre, les morceaux de céleri, les tranches de piment jalapeño en saumure, les morceaux de pomme, les feuilles de menthe et 240 ml d'eau afin d'obtenir un mélange homogène.

MANGUE POIVRÉE

Pour 2 personnes
Préparation : 5 minutes

INGRÉDIENTS

70 g de feuilles de kale • ½ avocat • 150 g de myrtilles
80 g de mangue pelée et coupée en morceaux • 1 cuillerée à soupe de graines de lin moulues • 1 cuillerée à soupe de jus de citron • 360 ml d'eau de coco
1 pincée de poivre de Cayenne

La mangue soulage l'estomac grâce à sa richesse en fibres alimentaires.

D *Facilite la digestion* CS *Stimule la circulation sanguine* AL *Alcalinisant*

Dans un blender, mixez les feuilles de kale, l'avocat, les myrtilles, les morceaux de mangue, les graines de lin, le jus de citron, l'eau de coco et le poivre de Cayenne afin d'obtenir un mélange homogène

AMANDES & GRAINES DE LIN

Pour 1 personne
Préparation : 5 minutes

INGRÉDIENTS

1 poignée d'épinards • 130 g de framboises
1 banane pelée • 1 cuillerée à soupe de graines de lin moulues
1 cuillerée à soupe de purée d'amandes • 2 cuillerées à café de jus de citron

Les graines de lin sont l'une des meilleures sources d'omégas-3, fournissant au corps des nutriments essentiels.

SV *Source de vitamines* SI *Renforce le système immunitaire* SP *Source de protéines*

Dans un blender, mixez les épinards, les framboises, la banane, les graines de lin, la purée d'amandes, le jus de citron et 240 ml d'eau afin d'obtenir un mélange homogène.

ANANAS & GRAINES DE LIN

Pour 2 personnes
Préparation : 5 minutes

INGRÉDIENTS

2 poignées d'épinards • 245 g d'ananas coupé en gros morceaux
1 banane pelée • 80 g de mangue pelée et coupée en gros morceaux
2 cuillerées à soupe de graines de lin moulues • 300 ml d'eau de coco

Les graines de lin sont une excellente source de vitamine B, de manganèse et de minéraux comme le magnésium, le phosphore et le cuivre.

SV *Source de vitamines* **AI** *Anti-inflammatoire* **D** *Facilite la digestion*

Dans un blender, mixez les épinards, les morceaux d'ananas, la banane, les morceaux de mangue, les graines de lin, l'eau de coco et 200 ml d'eau afin d'obtenir un mélange homogène.

LASSI VERT

Pour 1 personne
Préparation : 5 minutes

INGRÉDIENTS

75 g de pistaches • 200 ml de yaourt nature • 15 g de gingembre
1 datte medjool dénoyautée • 1 pincée de poivre noir

Une boisson idéale pour faciliter la digestion et apaiser l'estomac.

C *Calmant* FD *Réduit le cholestérol* I *Immunisant*

Mixez tous les ingrédients au blender avec 100 ml d'eau filtrée jusqu'à l'obtention d'un smoothie lisse. Passez la préparation au chinois en pressant bien avec une cuillère en bois ou en caoutchouc.

SAVEUR TROPICALE

Pour 1 personne
Préparation : 5 minutes

INGRÉDIENTS

1 banane épluchée • ⅓ d'ananas épluché et coupé en morceaux
2 poignées d'épinards • 150 ml de yaourt nature

Riche en lactobacilles et en calcium, ce smoothie aide à protéger le côlon.

H *Hydratant* **ES** *Enrichit le sang* **AB** *Antibactérien*

Passez tous les ingrédients au blender jusqu'à l'obtention d'un smoothie lisse.

BOUCLIER KALE

Pour 1 personne
Préparation : 5 minutes

INGRÉDIENTS

½ laitue romaine • ⅓ de concombre • 2 poignées de myrtilles
2 poignées de chou kale • 1 pomme granny smith évidée

Ce super jus est bourré de fer, de vitamine C, d'omégas-3 et contient 6 acides gras.

P *Purifiant* **AI** *Anti-infectieux* **PS** *Produit du sang*

Mixez tous les ingrédients au blender avec 100 ml d'eau filtrée jusqu'à l'obtention d'un jus lisse. Passez la préparation au chinois en pressant bien avec une cuillère en bois ou en caoutchouc.

YAOURT MATINAL

Pour 2 personnes
Préparation : 5 minutes

INGRÉDIENTS

200 ml de yaourt nature • 2 poignées de myrtilles • 8 fraises équeutées
100 ml de lait d'amande • 1 cuillerée à soupe de flocons d'avoine
1 cuillerée à soupe d'huile de lin

Un smoothie génial, excellente source de vitamine K qui aide à renforcer les os et à produire du sang.

C *Calmant* CI *Cicatrisant* RD *Régule la digestion*

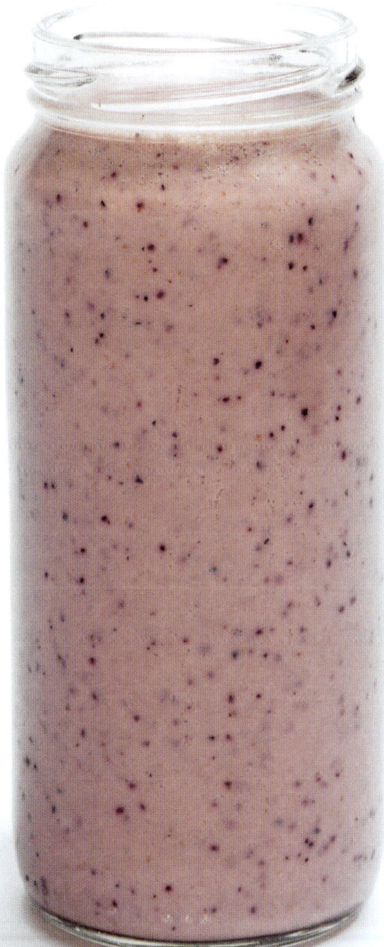

Passez tous les ingrédients au blender jusqu'à l'obtention d'un smoothie lisse.

MELON EN FOLIE

Pour 1 personne
Préparation : 5 minutes

INGRÉDIENTS

5 fleurettes de brocoli • ¼ d'une petite pastèque épluchée
½ melon épluché et évidé • 15 g de gingembre

Un smoothie génial pour réduire les inflammations
grâce à la vitamine A.

PS *Purifie le sang* PH *Hydratant* MV *Enrichi en minéraux et en vitamines*

Mixez tous les ingrédients au blender jusqu'à l'obtention d'un smoothie lisse. Passez la préparation au chinois en pressant bien avec une cuillère en bois ou en caoutchouc.

LIN & RAISIN

Pour 1 personne
Préparation : 5 minutes

INGRÉDIENTS

1 cuillerée à soupe d'huile de lin • 2 branches de céleri
5 brins de persil • ½ fenouil • 1 petite grappe de raisin blanc sans pépins

Ce jus a une teneur élevée en antioxydants qui aident à prévenir les maladies.

RD *Régule la digestion* P *Purifiant* AI *Anti-inflammatoire*

Mixez tous les ingrédients au blender avec 150 ml d'eau filtrée jusqu'à l'obtention d'un jus lisse. Passez la préparation au chinois en pressant bien avec une cuillère en bois ou en caoutchouc.

FRAISE & KALE

Pour 1 personne
Préparation : 5 minutes

INGRÉDIENTS

1 poignée de chou kale • ½ laitue romaine • 10 fraises équeutées
1 kiwi épluché • 1 citron vert, épluché

Source importante de vitamine C et de fibres, ce smoothie aide aussi à réduire le cholestérol.

F *Fortifiant* **BC** *Booste le cerveau* **V** *Vitaminé*

Mixez tous les ingrédients au blender avec 150 ml d'eau filtrée jusqu'à l'obtention d'un smoothie lisse. Passez la préparation au chinois en pressant bien avec une cuillère en bois ou en caoutchouc.

KALE & PAPAYE

Pour 1 personne
Préparation : 5 minutes

INGRÉDIENTS

1 papaye épluchée et épépinée • 2 poignées de chou kale
1 pomme granny smith évidée • 1 pomme rouge évidée • 1 carotte

Ce jus est idéal pour décomposer les protéines, ce qui favorise la digestion.

FD *Favorise la digestion* NF *Nettoie le foie* H *Hydratant*

Mixez tous les ingrédients au blender avec 200 ml d'eau filtrée jusqu'à l'obtention d'un jus lisse. Passez la préparation au chinois en pressant bien avec une cuillère en bois ou en caoutchouc.

FIBRES À GOGO

Pour 1 personne
Préparation : 5 minutes

INGRÉDIENTS

1 laitue romaine • 1 bok choy
5 abricots • 1 poignée de myrtilles
1 banane • 1 petite grappe de raisin blanc

Très bien pourvu en vitamines C et K, ce smoothie
est excellent pour le système digestif.

P *Purifiant* **ES** *Enrichit le sang* **S** *Source de vitamines*

Passez les ingrédients au blender, puis ajoutez de l'eau si nécessaire
afin d'obtenir la consistance souhaitée.

FRUITS ROUGES & GRAINES DE CHIA

Pour 2 personnes
Préparation : 5 minutes

INGRÉDIENTS

300 g de fraises surgelées décongelées • 260 g de mûres surgelées décongelées
200 g de framboises surgelées décongelées • 2 grosses bananes pelées
30 g de graines de chia • 4 cuillerées à soupe de miel ou sirop d'agave (facultatif)

Ce smoothie est riche en vitamine C, puissant antioxydant utilisé pour cicatriser les blessures, réparer et conserver les os et les dents en bonne santé.

SP *Source de protéines* SI *Renforce le système immunitaire* SM *Source de minéraux*

Mixez les fraises, les mûres, les framboises, les bananes, les graines de chia, le miel ou le sirop d'agave et 480 ml d'eau afin d'obtenir un mélange homogène.

PAPAYE DOUCE

Pour 1 personne
Préparation & cuisson : 20 minutes

INGRÉDIENTS

200 g de patate douce cuite, refroidie et réduite en purée
120 ml de yaourt grec nature • 120 ml de boisson de soja
1 petite papaye pelée, épépinée et coupée en morceaux
½ banane pelée et hachée

La papaye regorge d'antioxydants, qui réduisent les inflammations.

D *Facilite la digestion* S *Embellit la peau* B *Fortifie les os*

Mixez tous les ingrédients dans un blender jusqu'à l'obtention d'une texture lisse.

ROQUETTE & SON

Pour 1 personne
Préparation : 5 minutes

INGRÉDIENTS

180 g de flocons de son • 1 banane pelée et hachée • 100 g de myrtilles
1 poignée de roquette • 100 ml de yaourt grec nature • 200 ml d'eau de coco
1 cuillerée à soupe de miel brut

Riche en fibres, le son contient aussi beaucoup de sélénium.

D *Facilite la digestion* I *Immunostimulant* V *Source de vitamines*

Mixez tous les ingrédients dans un blender jusqu'à l'obtention d'une texture lisse.

BROCO BANANE

Pour 1 personne
Préparation : 5 minutes

INGRÉDIENTS

1 banane pelée et hachée • 100 g de bouquets de brocoli • 80 g de myrtilles
4 dattes medjool dénoyautées • 2 cuillerées à soupe de graines de lin moulues

Les brocolis concentrent une grande quantité de calcium et de vitamine K, tous deux bons pour les os.

I *Stimule l'immunité* B *Bon pour le cerveau* D *Facilite la digestion*

Mixez tous les ingrédients dans un blender avec 250 ml d'eau jusqu'à l'obtention d'une texture lisse.

ÉPINARD & LIN

Pour 1 personne
Préparation : 5 minutes

INGRÉDIENTS

2 poignées de feuilles d'épinard • 1 banane pelée et coupée en rondelles
250 ml de boisson de noix de cajou • 3 glaçons • 1 cuillerée à soupe
de purée de noix de cajou • 2 cuillerées à soupe de graines de lin moulues

Les graines de lin moulues sont source d'acides gras oméga-3.

D *Facilite la digestion* **O** *Renforce les os* **SM** *Source de minéraux*

Dans un blender, mixez les feuilles d'épinard, les rondelles de banane, la boisson de noix de cajou, les glaçons, la purée de noix de cajou et les graines de lin afin d'obtenir une texture lisse.

PINA COCO LADA

Pour 1 personne
Préparation : 5 minutes

INGRÉDIENTS

160 g d'ananas coupé en gros morceaux • ½ banane pelée et hachée
80 g de papaye pelée, épépinée et détaillée en gros morceaux
2 dattes medjool dénoyautées • 1 cuillerée à soupe d'huile de coco

L'ananas contient de la broméline, une enzyme qui contribue à atténuer les inflammations.

V *Source de vitamines* M *Riche en minéraux* D *Facilite la digestion*

Mixez tous les ingrédients dans un blender avec 100 ml d'eau jusqu'à l'obtention d'une texture lisse.

TABLE DES RECETTES

INDEX

N

O

P

Q

R

S

T

V

Y

58, rue Jean-Bleuzen,
92178 VANVES CEDEX

Recettes : Fern Green
Photographies : Deirdre Rooney, Beatriz da Costa pages : 24-25, 28-35, 38-41 , 46-47, 50-51, 54-55, 60-61, 64-69, 72-73, 76-79, 96-97, 114-115
Mise en pages : Graph'M
Relecture et conseils nutritionnels : Marc Le Quenven
Relecture : Élisabeth Gautier

1912205/01
ISBN : 978-2-501-15629-5 - Dépôt légal : Février 2021
Achevé d'imprimer en Espagne par Macrolibros en janvier 2021.